Cara o cruz:
Benito Juárez

Angélica Vázquez del Mercado
vs. Alejandro Rosas

Cara o cruz:
Benito Juárez

Coordinación de Alejandro Rosas

taurus

HISTORIA

Cara o cruz: Benito Juárez

Primera edición: octubre, 2019

D. R. © 2019, Angélica Vázquez del Mercado, por su texto
D. R. © 2019, Alejandro Rosas, por la coordinación y por su texto

D. R. © 2019, derechos de edición mundiales en lengua castellana:
Penguin Random House Grupo Editorial, S. A. de C. V.
Blvd. Miguel de Cervantes Saavedra núm. 301, 1er piso,
colonia Granada, delegación Miguel Hidalgo, C. P. 11520,
Ciudad de México

www.megustaleer.mx

ISBN: 978-607-318-248-5

Impreso en México – *Printed in Mexico*

El papel utilizado para la impresión de este libro ha sido fabricado a partir de madera procedente
de bosques y plantaciones gestionadas con los más altos estándares ambientales, garantizando
una explotación de los recursos sostenible con el medio ambiente y beneficiosa para las personas.

Penguin
Random House
Grupo Editorial

INTRODUCCIÓN

SI JUÁREZ NO HUBIERA MUERTO

Al acercarse el 21 de marzo de cada año los maestros de los distintos grados de primaria solían enviarnos a la papelería por la clásica monografía de Benito Juárez. Era la mejor forma de celebrar su natalicio, que coincide con el comienzo de la primavera. No pocos pensaban que los desfiles alegóricos se organizaban para celebrar al Benemérito.

¿Qué nos enseñaron maestros y monografías sobre Benito Juárez? Que era un indito zapoteca, que siendo niño fue pastorcito —siempre en diminutivo—, que tocaba la flauta de carrizo y como un día perdió un borrego decidió huir de su pueblo natal porque su tío le pegaba, entonces llegó a Oaxaca, lo adoptaron, aprendió español, comenzó a estudiar y llegó a ser presidente. También nos enseñaron que Juárez es el de las Leyes de Reforma y el que dijo: "El respeto al derecho ajeno es la paz".

La historia oficial, escrita por el sistema político priista, nos vendió la idea de que Juárez es el héroe entre héroes de nuestra historia y debía tener su propia monografía. Ni siquiera Hidalgo, el padre del Patria, o Morelos o Madero o Cárdenas alcanzan el altar mayor donde se encuentra Benito Juárez.

Aunque el personaje es citado una y otra vez en el discurso cívico, en la retórica política, como ejemplo de respeto a la ley, como defensor de la soberanía nacional, como impulsor de la igualdad ante la ley, lo cierto es que a lo largo del siglo xx lo convirtieron en letra muerta y le pusieron cientos de capas de bronce hasta hacerlo completamente ajeno a nosotros.

El Juárez de la historia oficial es una estatua de bronce, incapaz de sonreír; a pesar de viajar en su carruaje negro por el desierto de Chihuahua a 45 °C siempre aparece con su impecable levita negra, cuando habla, voltea al horizonte como si todo lo que lo que fuera a decir resonara en la historia; no duda, no se enferma, es infalible y es el ejemplo a seguir. Sin embargo, Benito Juárez murió dos veces, la primera en 1872 por causas naturales y la segunda, cuando lo sacaron de su contexto y lo trajeron para que habitara entre nosotros.

Este Juárez está distorsionado, es el de la retórica y la demagogia, el que se disputan los partidos políticos, es el de las causas populares que nunca asumió, el de la defensa de los pueblos indígenas a los que quiso integrar, no compadecer, es el Juárez que encabeza a la Cuarta Transformación y al que recurre el presidente López Obrador para poner el ejemplo. Pero ese Juárez no existió, es una invención.

Por esta razón, dentro de la colección Cara o cruz decidimos resucitar a Juárez como personaje histórico a través de los ensayos de la historiadora Angélica Vázquez del Mercado y del divulgador Alejandro Rosas, quienes, cansados de escuchar una y otra vez todo lo que Benito Juárez no es, decidieron mostrarlo a los lectores de una manera muy sencilla en su contexto histórico, de 1806 a 1872, de donde nunca debió salir.

ALEJANDRO ROSAS

Benito Juárez, ¿autoritario o patriota?

Angélica Vázquez del Mercado

UN CORAZÓN CANSADO

I

La opresión en el pecho se sentía como el peso de una enorme loza que no lo dejaba respirar. Con la mano derecha, pesada y lenta a causa del dolor, se tocó el estómago hinchado y caliente, donde las ámpulas brotaban como enormes gotas de pus, producto del agua hirviente que el doctor había aplicado como remedio. El dolor subió por los hombros, tensó la mandíbula, pasó como un rayo por la espalda y se dirigió hacia el brazo izquierdo para concentrarse en la parte inferior. Con suma dificultad y dolor, el presidente de México en funciones, Benito Juárez, giró sobre su lado izquierdo. Su corazón luchaba por no dejar de latir, arrítmico y agotado. El doctor Ignacio Alvarado tomó la muñeca del enfermo y notó que el pulso se volvía imperceptible. Minutos después, el cuerpo cansado dio sus últimos estertores: el corazón se detuvo, probablemente por un infarto al miocardio.

II

Benito Juárez murió cerca de la media noche del 18 de julio de 1872. Falleció a los 66 años de edad, durante su segunda reelección como presidente de la República, tras una trayectoria política única, extraordinaria por decir lo menos, y como uno de los personajes históricos más apreciados y reconocidos en la historia de México.

Fue amado por muchos por su entrega a la nación y patriotismo, y odiado por tantos otros por su apego al poder. Su figura lo mismo tenía la estatura del héroe, inalcanzable, mítico, un fundador de la historia patria, que ser la fuente y origen de resentimientos, envidias o celos. Desde su muerte, muchos han querido deshumanizar su biografía para hacerlo el más digno representante de la historia de bronce, pero Benito Juárez murió —ya se ha visto— como cualquier hombre de carne y hueso.

Benito Juárez fue siempre un *animal* político que, para decirlo de una vez, no se fijaba tanto en los medios como en el fin.

Durante su largo periodo de gobierno, de 1858 a 1872, debió gobernar a veces con la mayoría a favor y otras en contra; luchó incansable por mantener su gobierno a flote a pesar de que el país había sido invadido por el ejército francés y defendió, por sobre todas las cosas, a la República del imperialismo en manos de Maximiliano y sus aliados en casa. Benito Juárez gobernó con convicción de la mano de sus amigos y de sus enemigos a quienes nunca dio la espalda. Nada de esto fue una tarea fácil; antes bien, demandó de todas sus energías, en cuerpo y alma. El costo fue el sacrificio familiar, los años de pobreza, las prolongadas ausencias del hogar, pero también el ingreso al panteón de los héroes nacionales y el respeto a su vida y obra en otras latitudes, como el nombramiento de Benemérito de la América por el Congreso de República Dominicana en 1867.

Benito Juárez era un hombre de mediana complexión y estatura, de tez morena y rostro indígena (zapoteco, de Guelatao, Oaxaca), mente abierta y brillante inteligencia. Claro, prolífico y convincente en su redacción; escribir cientos de manifiestos, cartas y discursos de seguro requirió de un gran esfuerzo de reflexión y de concentración, a veces en momentos insólitos como al final de una batalla, en plena huida o en el traqueteo de la diligencia. Tomar decisiones en las que la vida y la muerte de una o de más personas estaba en sus manos, debió de ser un ejercicio de poder que, es de creer en cualquier ser humano, lastimó su corazón y su espíritu.

III

A Benito Juárez la muerte le llegó lenta, en un largo proceso de más de 12 horas de dolores continuos. Su médico de cabecera y quien lo atendió en los últimos momentos, el doctor Alvarado, declaró que la muerte fue por angina de pecho y que, a pesar del sufrimiento, Juárez lo soportó con una entereza increíble en cualquier persona. Dice el *Memorandum de medicina, cirugía y partos* del doctor Corlieu (1878) que la angina de pecho produce dolor punzante, una "suspensión momentánea de la respiración producida por el temor del dolor; opresión, eructaciones, necesidad de orinar; pulso pequeño, regular; ansiedad, abatimiento, vuelta a la salud y recaídas". Ya podemos imaginar las horas que padeció el hombre.

Los conocimientos médicos de la época, como recomendaba el *Memorandum* citado, prescribían el cuidado tanto del cuerpo como del espíritu: evitar fatigas, las marchas contra el viento, los excesos de bebidas o de alimentos, las relaciones venéreas, el frío o el estreñimiento. Así tal cual. Pero Benito Juárez fue lo que ahora llamaríamos un *workaholic*, un adicto al trabajo, y a pesar de que unos días antes de su muerte había presentado cuadros de dolor más fuertes y frecuentes (denominados paroxismos), el entonces jefe del Ejecutivo del país hizo caso omiso de las recomendaciones y cuidados sugeridos. El doctor Alvarado había prescrito una dieta que hoy nos llamaría la atención: podía beber y comer en cantidades moderadas vino, jerez, Burdeos, pulque, sopa, tallarines, huevo frito, arroz, salsa picante de chile piquín, bistec, frijoles, fruta y café. El médico le pidió ingerir estos alimentos entre la una y las dos de la tarde, mientras que para la noche recomendaba una copita de rompope.

Al final de sus días lo que menos tenía Benito Juárez era paz ni tranquilidad de espíritu, pues el país seguía siendo un hervidero de revueltas y asonadas, varias de ellas en su contra con motivo de la última reelección. Dicen también que la muerte de su esposa un año antes, en 1871, lo había afectado en demasía, que se le veía como un hombre triste y ensombrecido por la ausencia de Margarita Maza, a quien desposó cuando ella tenía 17 años de edad y él 37.

En su relato de los últimos momentos de Benito Juárez, el doctor Ignacio Alvarado hizo énfasis en la fortaleza del presidente para cumplir con su deber a pesar del dolor. Su hijo Benito corrió a buscar al doctor que acudió a Palacio Nacional al caer la tarde del 18 de julio. A partir de ese momento el médico no se separó de los aposentos del mandatario: "Los primeros ataques los sufre de pie. Vigorosa es su naturaleza, indómita su fuerza de voluntad, y aunque despliega toda ésta, no le es dable sobreponerse por completo a las leyes físicas de la vida, y al fin tiene que reclinarse horizontalmente en su lecho para no desplomarse y para buscar instintivamente en esta posición el modo de llegar a su cerebro la sangre que tanta falta le hace". Cada ataque o paroxismo le duraba minutos, los suficientes para obligarlo a reposar y tratar de controlar el dolor. Pasada la crisis "el paciente se levanta y conversa, con los que lo rodeamos, de asuntos indiferentes, con toda naturalidad, y sin hacer mérito de sus sufrimientos". Los ataques se repitieron una y otra vez, con la atención intermitente de Benito Juárez a sus obligaciones presidenciales. Hacia el mediodía uno de esos ataques provoca un "calambre dolorosísimo del corazón […] su semblante se demudó cubriéndose de las sombras precursoras de la muerte", momento en el que el doctor decidió aplicar el remedio "cruel pero eficaz: agua hirviendo sobre la región del corazón". El presidente reaccionó sorprendido, casi ofendido: "Me está usted quemando". Pero el remedio funcionó y le permitió despachar algunos asuntos nuevamente, bajo las protestas de familia y amigos que lo veían sufrir en silencio.

El rumor sobre la salud del presidente se expandió veloz, su gabinete se hizo presente y por la tarde debió informarse que a Benito Juárez le aquejaba una "reuma de rodilla" y que tomaría un descanso a puerta cerrada. Para ese momento Benito Juárez estaba consciente de que probablemente no vería el próximo amanecer. Los testigos reafirmaron que el mandatario se comportó como si no fuera el último día de su vida, que despachó, comió y conversó disimulando el dolor. Para sus contemporáneos, como después para la historia oficial, tal estoicismo sólo podía ser digno de un hombre como Benito Juárez.

IV

¿En qué o en quién pensaría Benito Juárez antes de morir? En su biografía pesaba mucha historia, ¿tuvo remordimientos o murió en paz?, ¿se arrepintió de alguno de sus actos? Arropado por su familia en los últimos momentos, a su lado se encontraba su hijo varón, Benito; también su yerno y compañero de correrías históricas Pedro Santacilia y su hija María de Jesús, "Santa y Nelita", como les llamaba de cariño. ¿Habrá dado una última muestra de cariño a su nieta favorita, la pequeña María, a quien permitía que le llamara "Biby" en lugar de abuelo?

El acta de defunción de Benito Juárez fue firmada por Ignacio Alvarado, Gabino Barreda y Rafael Lucio. No está claro por qué se asentó en ella que la causa de la muerte había sido "neurosis del gran simpático" cuando su historial médico registraba, al menos desde 1870, ataques atribuidos una congestión cerebral que los manuales médicos de la época definen como "acumulación anormal de sangre en el cerebro, sin ruptura ni lesión de ninguna especie", con síntomas como pérdida del conocimiento y similares a los provocados por la angina de pecho. El doctor Rafael Lucio atendió al presidente en 1870, cuando aparecieron esos ataques que se atribuyeron a una crisis del gran simpático, lo que hace pensar que fue él quien en el momento de declarar las causas del deceso convenció a sus colegas de considerar a ésta como la causa de la muerte. Sin embargo, los síntomas relatados por su doctor de cabecera el día fatal coinciden con lo que se sabe actualmente sobre la angina de pecho y el infarto del miocardio.

Por cierto que los ataques a la salud del presidente en 1870 habían puesto en alerta a la clase política; quizás hasta entonces sus enemigos encontraron el talón de Aquiles de Benito Juárez: una salud mermada. Y efectivamente, fue la muerte la que impidió la prolongación de su mandato.

Como ministro de la Suprema Corte de Justicia le correspondió a Sebastián Lerdo de Tejada ocupar la presidencia en forma interina tras el fallecimiento del presidente. De su colega y compañero de batallas liberales en la última década, dijo Lerdo: "Si la muerte de un hombre ilustre es una calamidad pública, apenas hay nombre que dar a la terrible desgracia que pesa sobre el pueblo mexicano. Autor de la reforma y salvador de la independencia, el ciudadano Benito Juárez está colocado a una altura que no es dado medir". La altura del héroe, libertador de la patria, Benemérito de la América, único personaje histórico al que se honra con un día de asueto en el calendario cívico. El ataúd quedó expuesto al público que pudo mirar el cuerpo por los siguientes días. Las loas y los poemas épicos no se hicieron esperar para narrar la historia del pastorcillo de "raza" indígena que creció hasta llegar a ser presidente. Y no cualquier presidente. El 23 de julio Alfredo Chavero terminó así su largo tributo poético leído en el velorio: "Hoy la gratitud de un pueblo viene a su sepulcro para hacer su apoteosis. Los griegos lo habrían elevado al cielo de sus dioses como a Teseo. Los toltecas lo habrían convertido en estrella como a Quetzalcóatl. Nosotros lo levantamos a ese otro firmamento de la inmortalidad, en que preside Hidalgo".

El arrebato juarista de Chavero, que la circunstancia ameritaba, es un ejemplo del culto que desde entonces se profesa a Juárez. Con Miguel Hidalgo, Benito Juárez es el personaje histórico más admirado en el panteón de los héroes nacionales, estatus ganado a pulso y de manera más consciente y valiente que la del propio caudillo de la Independencia. Y más revolucionaria, si hablamos de transformaciones históricas.

Como gobernante, Benito Juárez fue un patriota decidido a defender a la nación bajo cualquier costo; aun en los momentos más cuestionados de su administración. A la distancia es difícil demostrar que lo moviera otra razón más allá del amor a la patria. Hago aquí un paréntesis para una digresión: al estudiar la biografía de Benito Juárez viene a la memoria lo que Emerson dijo de Napoleón alguna vez:

> Sin duda pueden recopilarse anécdotas horribles en su biografía con respecto al precio a que consiguió sus éxitos, pero no por ello debemos tacharle de cruel, sino únicamente como alguien que nunca admitió obstáculos para su voluntad. No era sanguinario, no era cruel: pero ¡ay de la persona o de la cosa que se interpusiera en su camino! No era sanguinario, pero no ahorraba la sangre y era implacable. Veía solamente el objetivo, el obstáculo tenía que ceder.

Benito Juárez no era sanguinario, pero no le tembló la mano ni la voz cuantas veces fue necesario para dar la orden de buscar el triunfo en la batalla, o de someter a los opositores políticos con algo más que palabras. Una y otra vez, la meta era más importante que el camino, un camino largo, agotador e ingrato hasta para el corazón de un hombre de su talla.

GOBERNAR UNA Y OTRA VEZ

I

Caminó con paso firme por el pasillo entre los aplausos de los diputados; al llegar al presídium fue recibido por el presidente de la Cámara. Se ajustó el frac por la parte delantera, pasó las manos por la espalda para alisar los faldones posteriores; la camisa blanca y almidonada, la pajarita negra ligeramente fuera de lugar, el chaleco abotonado, la leontina brillante, el cabello peinado con goma y peine de carey, aplacado con ayuda de la chistera negra. Porque negro es el color de la austeridad republicana y negro el color que representaba al licenciado y presidente Benito Juárez en su segunda reelección, aquella mañana del 1º de diciembre de 1871. Con gesto solemne, tomó el papel con su discurso, cuidadosamente preparado, y leyó con voz potente:

Ciudadanos diputados:

Al protestar ante el Congreso de la Unión el desempeño leal y patriótico del difícil encargo que me confiriera, por un nuevo periodo constitucional, la elección del pueblo y sus legítimos representantes, comprendo la inmensa responsabilidad que pesa sobre mi conciencia.

Aun en circunstancias menos azarosas, ese encargo es de suma gravedad, a causa de la lucha que ha de durar por algún tiempo en nuestro país, contra los elementos hostiles al orden.

Benito Juárez se refería a aquellos que se opusieron a su reelección y que, más aún, sospechaban de un fraude. Entre los "elementos hostiles" se encontraban muchos de sus antiguos correligionarios, algunos de ellos con una especie de tic por la guerra pues no podían dejar de batallar ni en tiempos de calma y relativa paz. Tratándose de sus aliados en contra de los conservadores, después contra los invasores franceses y el imperio, muchos de ellos estaban convencidos del camino a seguir: el liberalismo, la democracia, la permanencia de la República. Habían luchado por ello, con muchas pérdidas, pero confiando en la guía de don Benito y en que avanzaban hacia un mismo fin. Por eso mismo, la permanencia de Benito Juárez en el poder era más que sospechosa; no había dejado de gobernar un minuto desde enero de 1858 en que tomó por primera vez el mando de la nación; desde entonces también lo hizo con mano firme y con la misma determinación de alcanzar sus objetivos.

II

A finales de 1857 el país entró en una vorágine bélica que duraría poco más de 10 años, por lo que desde entonces se conoció como la Gran Década Nacional. La guerra civil o Guerra de Reforma inició con la promulgación del Plan de Tacubaya, de carácter conservador, que básicamente desconocía a la Constitución de 1857. El presidente en turno, Ignacio Comonfort, se unió al plan en una especie de autogolpe de Estado, de modo que Benito Juárez ocupó el Poder Ejecutivo de manera interina en su calidad de presidente de la Suprema Corte de Justicia en enero de 1858. Los siguientes tres años fueron una locura para el país con dos grupos políticos en disputa por el poder y por las Leyes de Reforma: Miguel Miramón por el lado de los conservadores, Benito Juárez por el de los liberales.

En esos momentos las fuerzas de Miramón llevaban la delantera e hicieron la vida difícil, muy difícil, a los republicanos, al grado de que Juárez y su gabinete pasaron mucho tiempo a salto de mata: para salvaguardar el gobierno republicano, lo convirtieron en un gobierno itinerante, es decir, el presidente y sus ministros trataban de administrar la vida pública donde les fuera posible. En ocasiones gobernó desde los estados que no se habían adherido al Plan de Tacubaya. Finalmente se estableció en Veracruz hasta el fin de la guerra.

La inestabilidad de su gobierno afectó también su vida familiar (como al resto de su gabinete). Margarita Maza de Juárez fue una mujer valiente y luchona que cumplió con el papel que por entonces se esperaba de la esposa de un presidente: "Aquella matrona —diría Rafael de Zayas Enríquez en 1906, y tantos otros al referirse a ella siempre con respeto y admiración— observó la religión del deber con la misma abnegación que la practicó Juárez. Era en realidad el complemento femenino del gran hombre". De su esposo dirían que no tuvo más amor en su vida que Margarita, un amor nacido en la primera juventud. Margarita Maza debió hacer de trashumante para sobrevivir con su familia. Cuando Santa Anna desterró a Benito Juárez en 1852, su esposa se quedó en Oaxaca trabajando para mantener a su prole; durante la Guerra de Reforma lo acompañó siempre que pudo, lo siguió a Veracruz y esperó paciente; en los años de la Intervención vivió en Nueva York con muchas carencias: ahí murieron dos de sus hijos, cuyos féretros repatrió con sumos esfuerzos. Tal parece que eran una pareja congruente tanto en la vida familiar como en la vida pública.

Finalmente, el ejército liberal o constitucionalista logró la victoria gracias a las buenas artes de los generales al mando, entre ellos Ignacio Zaragoza (de heroica memoria como el general vencedor en la batalla de Puebla el 5 de mayo de 1862). La Guerra de Reforma se dio por concluida con el triunfo de las fuerzas liberales en la Batalla de Calpulalpan el 22 de noviembre de 1860. Semanas después el ejército constitucionalista entró triunfal a la Ciudad de México: "El pueblo —contaba el periódico *El Monitor Republicano* en su edición del 2 de enero de 1861—, en quien los hombres de lo pasado tenían tanta fe, creyéndolo fanático y afecto al orden de cosas que ellos defienden, ha demostrado del modo más patente, que desea la reforma, que quiere marchar por la vía del progreso". Benito Juárez representaba la nueva época a la que se encaminaba el país; sin embargo, a pesar de la derrota de los conservadores, México permanecía como un país de cacicazgos y regionalismos, es decir, los mexicanos no estaban divididos sólo en dos bandos políticos —conservadores y liberales— sino en muchas lealtades acordes con la cotidianidad de sus habitantes. Benito Juárez lo entendió así y consideró necesario mantener a como diera lugar las facultades extraordinarias que le había otorgado el Congreso: su intención era fortalecer su autoridad, congregar alrededor de su figura a las diferentes posiciones, y contar con el poder suficiente para controlar el rumbo de los acontecimientos bajo su mando.

El gesto autoritario le ganó la antipatía de muchos de sus seguidores. De nuevo, Benito Juárez batalló contra los enemigos de partido y contra sus antiguos aliados, pero desde entonces y hasta el día de su muerte estaría convencido de que eso era lo correcto, lo entendieran o no los ciudadanos. La soberbia también coquetea con los héroes y es la amante inseparable de los dictadores. El largo gobierno de Benito Juárez fue el poder concentrado en una persona que conocía bien la ley y que supo hacer uso de ella para lograr sus fines. Legalmente se mantendría en el poder por 14 años en los que hay que contar dos reelecciones, bajo el argumento de que nadie más podía hacer lo que él hacía con tan buena voluntad y eventual éxito.

El 11 de junio de 1861 el Congreso lo declaró presidente por mayoría, aunque algunos no estuvieron de acuerdo con los resultados. Benito Juárez cumplió el periodo de cuatro años, en los que hubo momentos clave necesarios para reforzar la figura presidencial, como el decreto de suspensión de garantías constitucionales y la cesión de poderes extraordinarios del 11 de diciembre de 1861 donde "se faculta omnímodamente al Ejecutivo para que dicte cuantas providencias juzgue convenientes en las actuales circunstancias, sin más restricciones que la de salvaguardar la independencia e integridad del territorio nacional, la forma de gobierno y las leyes de Reforma". La cesión de poderes extraordinarios al Ejecutivo debió prorrogarse en varias ocasiones dadas las condiciones en las que se encontraba el país: la guerra contra el ejército francés y los aliados de los extranjeros en casa ameritaba medidas de esa contundencia por parte del Congreso. Pero al mismo tiempo esas decisiones contribuyeron a fortalecer la figura y el liderazgo de Benito Juárez entre sus contemporáneos y, sobre todo, debió estimular su propia estima. Como dijo el general Jesús González Ortega, antiguo compañero de armas del presidente, en el momento más crítico de su relación: muchos creen que "si esa persona [Benito Juárez] no salva a México, México es impotente para hacerlo por sí mismo". El paternalismo ancestral estaba representado en la figura del presidente de origen indígena, algo más que novedoso entonces y hasta en nuestros días.

III

Para 1864 los conservadores contaban ya con el apoyo de los franceses y el emperador que por tanto tiempo habían buscado: Maximiliano de Habsburgo y su esposa Carlota venían en camino a establecer el que sería un efímero reinado. Bajo estas circunstancias, Benito Juárez debía justificar su permanencia en el Poder Ejecutivo de la mejor manera, es decir, con la ley por delante. Lo primero que debió sortear era un tecnicismo aparentemente confuso en la Constitución, referente al periodo de gobierno de un presidente electo en circunstancias extraordinarias como había sido el caso de las elecciones de 1861. Efectivamente las circunstancias no eran usuales ya que, por un lado, había terminado la Guerra de Reforma y por el otro el ejército extranjero estaba a unos pasos de consumar la invasión. Benito Juárez salvó el escollo legaloide y gobernó hasta 1865, año en el que debía dejar la presidencia pero, dadas las circunstancias históricas por las que atravesaba el país, no consideró que fuera el momento indicado para entregar el poder e hizo valer los poderes conferidos por el Congreso en esas situaciones.

El septiembre de 1865 don Benito le escribió a su yerno Pedro Santacilia que estaba a cargo de su familia en Nueva York:

> Respecto del negocio de la prórroga de mis funciones como Presidente de la República, medida que muchas personas me aconsejan dicte yo en bien del país, nada he resuelto porque el punto es demasiado grave. Aunque por mis facultades amplísimas, dadas por el Congreso, creo que puedo hacer tal declaración, no ha de faltar quien ponga en duda la legalidad de la medida y basta que (González) Ortega, algún gobernador o algún jefe desconozca la autoridad prorrogada por mí, para que se encienda la guerra civil y en tal caso sería completa la disolución de esta desgraciada sociedad. [...] Sin embargo, para el fin de noviembre las circunstancias, la ley y la opinión pública indicarán el camino que se deba seguir. Esperemos.

Y así fue. En octubre de ese año el diplomático Matías Romero le escribió: "No dudo que el buen juicio de usted le habrá hecho ver que el único modo de evitar dificultades sin cuento al país y de cortar la guerra civil, es el de declarar que tal periodo queda prorrogado hasta que haya nueva elección popular". El escritor Francisco Zarco le reiteró su apoyo para la reelección:

[...] el mayor mal que pudiera sufrir nuestra causa en estas circunstancias sería que usted abandonara el poder porque prescindiendo de las consideraciones que se refieran a la persona, usted está identificado con la causa nacional y la representa ante el mundo y es la mejor garantía de que el país se salve o siga luchando con honor.

Más allá de la posible lisonja o razonamientos de sus allegados, lo cierto es que fueron las voces que escuchó —o las que quiso escuchar— para tomar la decisión de permanecer en el poder hasta que existieran condiciones para llevar a cabo las elecciones presidenciales, aun cuando muchos ciudadanos (no siempre con total desinterés, es cierto) manifestaron su desacuerdo por considerarlo contrario a los principios republicanos y constitucionales. Con todo, el 8 de noviembre de 1865 se publicó el decreto firmado por Benito Juárez con el que su gobierno se prorrogaba indefinidamente, amparado en los artículos constitucionales correspondientes.

Aun cuando la interpretación de Benito Juárez y sus seguidores era legal, para otros significaba algo diferente: "El acto inmoral e impolítico que ha consumado D. Benito Juárez —le escribió González Ortega a Sebastián Lerdo de Tejada—, al expedir por conducto de Usted los decretos del ocho de noviembre pasado, me han puesto en el penoso caso, atendidas las circunstancias en que se halla la República Mexicana, de protestar, como lo hago ante la misma nación, contra el contenido de esos decretos". Si bien González Ortega carecía de la autoridad moral para reclamar nada, era la voz de muchos de sus detractores como bien los identificó el propio presidente.

Así, Benito Juárez inició un periodo presidencial que llevaría con dignidad hasta el fin del imperio francés. En 1867, después de 10 años de guerra ininterrumpida, su liderazgo parecía discutible; una nueva generación de políticos, escritores, abogados, militares, buscaban justamente eso, el recambio generacional. La oposición se hizo presente no sólo a nivel político sino también en la opinión pública donde destacaba la libertad de prensa que, por cierto, se mantuvo sumamente activa. Benito Juárez miraba extrañado las expresiones en su contra y en contra de sus iniciativas por hacer cambios profundos en la Constitución. Como antes, y como siempre, consideraba que sus actos eran de buena fe, sin otras intenciones que, afirmaba, "cimentar, sobre bases sólidas, las instituciones republicanas, a fin de conservar inalterables en lo futuro la paz y tranquilidad" que tantos sacrificios habían costado. Se llevaron a cabo las elecciones que Benito Juárez ganó a su adversario más cercano, Porfirio Díaz, en lo que sería su primera reelección.

A pesar de las manifiestas inconformidades por su interés en mantenerse en el Poder Ejecutivo, Benito Juárez volvió a postularse para el periodo 1871-1875. Por entonces el sistema electoral era por representatividad, es decir, se nombraban electores por distrito de acuerdo con un proceso marcado en la Ley Orgánica Electoral vigente (1857) de modo que los ciudadanos designaban a sus representantes en las votaciones. La elección era indirecta en primer grado y en escrutinio secreto. La Constitución de 1857 estableció el sufragio universal de la población masculina: a los hombres mayores de 18 años si estaban casados y de 21 si solteros, que tuvieran propiedades y algún oficio que les diera forma de subsistir o, en pocas palabras, que fueran económicamente activos y tuvieran "un modo honesto de vivir".

El 12 de octubre de 1871 el *Diario Oficial* dio a conocer los resultados del escrutinio de la votación en el Congreso para la elección de presidente constitucional: de los 116 diputados que asistieron a la sesión para elegir entre el licenciado Benito Juárez y el general Porfirio Díaz, 108 votaron por el primero y tres por el segundo, mientras que cinco dejaron su voto en blanco. Semanas después, el 2 de diciembre, el periódico antijuarista *El Monitor Republicano* dio la noticia de la toma de posesión del mandatario con nula solemnidad y con cierto encomio: "La última escena del sainete electoral ha concluido. El Sr. Juárez ha tomado posesión de la presidencia, arrollando cuantos obstáculos se le interpusieron en su camino. *Consumatum est*". Otro diario, *El Siglo XIX*, se manifestó en tono similar: "Porque es innegable [...] que el Sr. Juárez se ha ido convirtiendo lentamente en jefe de un círculo que se apoya en los elementos del poder para imponerse indefinidamente". El periódico llamaba la atención a que el gobierno reprimiría a los rebeldes, e insistía —como otros periódicos— en que Juárez carecía de "toda aptitud para administrar".[1] Y así empezó su segunda reelección, y el año número 14 como responsable del Poder Ejecutivo, con una ciudadanía dividida entre detractores y seguidores que también, por cierto, eran un gran número.

Benito Juárez murió siendo presidente en funciones el 18 de julio de 1872 y, a pesar de los arrebatos antijuaristas de Porfirio Díaz, durante su gobierno creció el mito del indio que llegó a ser presidente de la República, el de "rostro broncíneo", "el impasible", "el héroe zapoteca", el liberal por antonomasia, el defensor de la Reforma, el libertador, el "idólatra de la ley", como hasta la fecha se le identifica en la historia oficial. Más allá del mito, como veremos, se encontraba el hombre de carne y hueso, capaz de equivocarse una y mil veces, vulnerable como cualquiera, propenso a la egolatría como suelen ser los personajes con mayor protagonismo histórico. En su soberbia, estaba seguro de que hacía lo correcto por el bien de la nación. Su defensa de las Leyes de Reforma dio paso a transformaciones de gran calado en lo económico, político y social, y preparó el camino para la mejor cara del porfiriato: la modernización del país.

---

[1] Esta apreciación resulta interesante si consideramos que el lema con el que se distinguía el porfiriato fue: "Poca política y mucha administración".

LA MATANZA DE LA CIUDADELA

I

Adormilado, el presidente escuchó a su secretario particular narrarle, atropelladamente, lo que ocurría a poca distancia del Palacio Nacional: que un grupo de rebeldes había sacado prisioneros de la cárcel de Belén para engrosar sus filas y se dirigían a la Ciudadela en busca de armas y municiones, y que desafortunadamente el ministro de Guerra no estaba en la ciudad. El secretario se disculpaba por interrumpir su siesta, pero la situación le parecía grave y el coronel esperaba instrucciones de su parte... Ya espabilado, el presidente Benito Juárez se sentó a la orilla de la cama y le pidió al secretario que repitiera, pero ahora con calma, lo que intentaba decirle. Pedro Santacilia acercó una silla frente a su suegro y repitió la historia: "Hace apenas unos minutos, a las 3 de la tarde, un grupo de militares se ha pronunciado en su contra, padre mío". El calendario en la pared señalaba el día 1º de octubre de 1871.

Sereno, como era su carácter aun en las peores circunstancias, Benito Juárez escuchó el relato de cómo el general Miguel Negrete y otros oficiales avanzaban en busca de la artillería resguardada en el viejo edificio de la Ciudadela, con intenciones de iniciar un levantamiento, avalado —según los informes de los espías enviados a Oaxaca— por su paisano el general Porfirio Díaz. Desde las pasadas elecciones de julio de 1871 en que don Benito fue elegido nuevamente por el pueblo, tanto Sebastián Lerdo de Tejada como Porfirio Díaz se habían manifestado como malos perdedores. Particularmente este último que contaba con muchos seguidores en distintos puntos del país, como un general bienamado y reconocido como héroe en la defensa de la patria durante la Intervención francesa.

Miguel Negrete, como tantos otros personajes de la vida pública de entonces, había transitado entre las facciones políticas mostrándose unas veces como liberal, otras tantas como conservador, hasta decidirse finalmente por el bando liberal y republicano. Durante la Invasión francesa peleó en la Batalla de Puebla el 5 de mayo bajo las órdenes del general Ignacio Zaragoza, momento en el que dirigió a la 2ª División compuesta de 1 200 hombres, en la ocupación de los cerros de Loreto y Guadalupe. Su papel fue fundamental en el triunfo de los patriotas. Para entonces no había dudas de que era un aliado de Benito Juárez, hasta había cargado el féretro de Margarita Maza el día de su entierro. Y ahora sus correligionarios, sus colaboradores, sus aliados en los momentos de mayor peligro para la soberanía de la patria, aquellos hombres en quienes Benito Juárez confió la vida libre y soberana de los mexicanos, que defendieron con su sangre la República a la que él representaba, se volvían en su contra.

"Juárez escuchó con serenidad —cuentan las crónicas—. Se levantó, tomó su sombrero, se dirigió a los corredores bajos del Palacio y empezó a dictar personalmente las disposiciones necesarias para la defensa del mismo Palacio." ¿Qué fue lo que ordenó el presidente a sus generales?, ¿extermínenlos?, ¿acaben con ellos de una vez por todas?, ¿mátenlos, en caliente?

La defensa de la Ciudadela y el contraataque quedaron en manos del general Sóstenes Rocha, un militar de carrera experimentado, héroe también en los años de la Intervención francesa y del Segundo imperio. Como Miguel Negrete, Sóstenes Rocha tenía un pasado en el lado conservador, aunque luego se convirtió en un ferviente defensor de la República y devoto de Benito Juárez que se dirigía a él con las consideraciones de quien le sabe leal. En una carta fechada en mayo de 1868, en los tiempos en que la reunificación del país era urgente, Benito Juárez le escribió a Sóstenes Rocha:

> No debe usted dar importancia de ninguna especie a la interpretación maliciosa que pretenden los díscolos dar a sus palabras. Tenga usted, como debe tener, la conciencia de su buen proceder, que cuenta con la aprobación del gobierno general, y no haga usted caso de los que intenten calumniarlo.
>
> […] Mucho celebro que haya dictado las medidas convenientes para perseguir y castigar a los bandidos. Es necesario, en efecto, no dejarles descansar y tratarlos con todo el rigor de las leyes, sea cual fuere el pretexto que tomen para robar.

Es la misma actitud con la que Benito Juárez respondió a los eventos de la Ciudadela. Con firmeza, aplíquese la ley, sin dudar, sin chistar. Para el presidente lo importante era el resultado, a sabiendas de que su subalterno tenía fama de sanguinario, pues se trataba de someter a un grupúsculo de revoltosos y dar el ejemplo a los hostiles en otras regiones del país.

Ese 1º de octubre de 1871 el general Miguel Negrete, Jesús Toledo y otros jefes y oficiales inconformes con la reelección de Benito Juárez apresuraron el levantamiento en contra del presidente. Para entonces se sabía que Porfirio Díaz contaba con el apoyo de otros generales como Donato Guerra en Durango y Gerónimo Treviño en Monterrey, así como con otros militares insatisfechos por el poco o nulo reconocimiento en plata y en honores que la República restaurada les ofrecía. Los espías del gobierno sabían también que, en Oaxaca, Porfirio Díaz estaba recibiendo cargamentos de armas y láminas de cobre que utilizaría en la fabricación de cartuchos y granadas. La correspondencia del general oaxaqueño estaba vigilada y así se supo que contaba con muchos seguidores que esperaban unirse a la voz de su liderazgo. Sin embargo, Porfirio Díaz no parecía animarse a ser él quien iniciara una nueva guerra civil o no se sentía lo suficientemente fuerte para enfrentar al sistema.

En el centro del país los amotinados se mostraron impacientes y adelantaron vísperas. Negrete y sus seguidores aprovecharon que el ministro de Guerra Ignacio Mejía se encontraba en las afueras de la ciudad, mientras que el gobernador del Distrito Federal, José Antonio Castro, atendía un evento en su honor en el Tívoli de San Cosme. Juárez confió entonces el sometimiento de los rebeldes al "mejor gallo" con el que contaba en ese momento; el general Sóstenes Rocha debió seguir con precisión la estrategia que después plasmaría en su *Manual sobre la ciencia de la guerra* (1878) y que a la letra decía:

1º Si no se necesita que la plaza caiga en nuestro poder es preciso al menos *observarla*.[2]

2º Se procura apoderarse de la plaza por sorpresa.

3º Se bloquea la plaza.

4º Se intenta hacerla capitular por medio de un bombardeo.

5º Se lleva a cabo el sitio de la plaza.

6º Para cualquiera de estas fases se procede a la *embestida*.

"Siendo en todos los casos muy mortífero el ataque de una plaza —decía el *Manual*— sólo se procederá a él en un caso absolutamente necesario." Por lo visto el pronunciamiento en el que participaba el 1er Batallón de Distrito fue lo que ameritó la *embestida*: la tropa cercó la Ciudadela, perforó con la metralla las paredes de las casas vecinas, atravesó muros haciendo boquetes con balas de cañón, brincó azoteas y entró en el edificio tomado por los rebeldes. "Sea cual fuera la causa que permita intentar una sorpresa, y cualesquiera que sean las probabilidades de buen éxito, no es seguro que se obtenga el resultado sin disparar un tiro."

---

[2] En cursivas en el original.

Y así fue. Más de un tiro dio en el blanco y la Ciudadela se tiñó de rojo con la sangre del 1er Batallón al que Sóstenes Rocha ordenó fusilar sin piedad y sin dilación. En tanto, los líderes del pronunciamiento, Miguel Negrete y compañía, lograron escapar; aunque es posible que hayan negociado el rescate, o que Rocha fuera magnánimo con sus antiguos compañeros de batalla y les perdonara la vida permitiendo su huida.

Hacia la media noche el general se presentó ante Benito Juárez para rendir informe: "He acabado con todos", dicen que dijo, somero. Y dicen que al presidente un escalofrío le recorrió el cuerpo: ¿Sí? "La sangre de la Ciudadela —narra el escritor campechano Héctor Pérez Martínez— rebosa, inunda la ciudad. Un silencio dramático acoge el transporte de los cuerpos por las calles. Todo el mundo se vuelve hacia Palacio y cierra el puño o mira con odio."

II

Semanas más tarde, el 1º de diciembre de 1871, el ciudadano Benito Juárez se dirigió al Congreso de la Unión tras rendir protesta al cargo de presidente de la República en la que sería su segunda reelección. Su discurso fue claro y firme: todo acto contrario a su nuevo mandato era un acto en contra de la paz y el orden, producto de la ambición personal, de "los planes más o menos ilusorios de un hombre", un intento por demoler lo alcanzado en tantos años de lucha. Sin nombrarlo, estaba claro que se refería a Porfirio Díaz, que para entonces se había decidido a proclamar el Plan de la Noria bajo el principio de no reelección.

Ningunos antecedentes, ningunos servicios patrióticos —afirmaba con voz severa el presidente— bastarán a justificar una aberración tan funesta: la nación siempre la condenará como un crimen; pues si en algo ha progresado el buen sentido de los mexicanos, con su ya larga y dolorosa experiencia, es en comprender la preferencia de las instituciones y los intereses nacionales sobre el mérito de los hombres que alguna vez los sirvieren.

El discurso continuó en el mismo tono: la autoridad no toleraría ningún arrebato revoltoso (ya lo había demostrado con solvencia el pasado 1º de octubre) ni contrario a lo que el Ejecutivo había alcanzado por ley. Desde ese encargo, Benito Juárez hizo un llamado al pueblo para reprimir a la brevedad el movimiento, pues de prolongarse sería funesto para la República. Extraordinario orador, su discurso retaba a los diputados a comportarse de la única manera que lo haría un patriota:

> Cuento, ciudadanos diputados, con vuestra patriótica e ilustrada cooperación. Cuando el pueblo ve en riesgo inminente sus intereses más preciosos, me parece imposible que sus representantes dejen de cooperar eficazmente para salvarlos. Imposible que dejen de ayudar en ese empeño al Ejecutivo, encargado de defender el orden y las leyes.

Ese día Benito Juárez obtuvo lo que esperaba: el Congreso le confirió los poderes extraordinarios necesarios para reprimir a los alzados. Si bien en otro discurso, en la clausura de las sesiones del Congreso el 15 de diciembre de 1871, afirmó que no abusaría de esos poderes, solicitó una prórroga con el único fin de alcanzar la paz y la seguridad deseadas. Sin ellas, afirmó, era imposible el progreso del país. La leva debía continuar también; si bien reconocía lo penoso del reclutamiento, una vez alcanzada la paz prometió que éste sería prohibido. Reconoció también que algunos recursos del erario se utilizaban en estas acciones pero aseguró que no constituían un acto gravoso para el país, ya de por sí empobrecido con tanta guerra.

Benito Juárez representaba para algunos el lado más corrompido de la política nacional. Porfirio Díaz encabezaba ese descontento que manifestó en una proclama firmada el 19 de noviembre en Huajuapan de León, Oaxaca, y que se publicó el 25 de ese mes en el *Diario Oficial*. Entre otras cosas, el general recordaba el pasado glorioso en el que el pueblo repelió al invasor francés:

> Pero un Gobierno desleal, despótico y parricida, y a quien nada debió la patria en el triunfo de su santa causa, ha llegado maquiavélicamente a depositar en vuestros nobles corazones el germen de la división, para hacer del grande, del generoso partido liberal, el ludibrio [el escarnio] de las naciones que nos observan, únicamente para perpetuarse en el poder, del que le rechaza la ley y la voz universal de la Nación.

Porfirio Díaz se colocó en el papel del patriota honesto cuyo único fin era el retorno a la legalidad, el mismo argumento que Benito Juárez había esgrimido en más de una ocasión.

> ¿Por qué vais a derramar nuestra sangre y la de vuestros hermanos? ¿Por perpetuar en el poder a Juárez, que se ha soñado príncipe, a Juárez, que nos brinda cobarde con su estúpido despotismo, o con el látigo *yankee* que vendrá a azotar a nuestro pueblo, como lo hizo en 47? […] ¿Nosotros convertidos en esbirros del tirano Juárez, los hermanos de Zaragoza y Salazar? […] Camaradas: no hay más que dos caminos: o el de la infamia, sosteniendo a Juárez, o el de la gloria, estrechándonos como antes para salvar a la patria; en tal dilema, nosotros preferimos sucumbir con gloria a vivir cubiertos de ignominia.

En el mismo mes de noviembre se dio a conocer el Plan de la Noria en el que se acusaba a Benito Juárez de mantenerse en la presidencia de manera indefinida poniendo en peligro a las instituciones, de sostener en los estados a autoridades impuestas, de controlar al Congreso convirtiéndolo en una "cámara cortesana", de violentar el sufragio, de corrupción y de favorecer a una oligarquía interesada sólo en el beneficio personal. Porfirio Díaz se dio vuelo con una retahíla de malas prácticas del gobierno juarista: el derroche de los caudales del pueblo para el fraude electoral, la aplicación de la ley fuga, el escarnio de los principios democráticos y más.

Todas eran razones suficientes para levantarse nuevamente en armas y pelear por la democracia, el liberalismo y la República. Pero eran las mismas razones por las que Benito Juárez y sus seguidores habían luchado tanto tiempo (como años después pensarían Francisco I. Madero y otros revolucionarios) y por las cuales se mantuvo por más de una década en el poder.

III

El Pronunciamiento de la Ciudadela del 1º de octubre de 1871 fue a todas luces una matanza en manos del gobierno de la que, por cierto, poco se habla en las biografías de Benito Juárez. Y si se habla suele ser con tono justificativo porque al héroe todo se le perdona. ¿La matanza de la Ciudadela pudo evitarse? Tal parece que sí pues la fuerza y la autoridad estaban de su lado, y si no, al menos la superioridad numérica. Puede argumentarse que fue Sóstenes Rocha quien se excedió y abusó de su posición; pero Benito Juárez no solía dar pasos en falso ni actuar sin ponderar los resultados: encontraba plenamente justificado el uso de la fuerza hasta sus últimas consecuencias si consideraba que la razón estaba de su lado. El porfiriato es, tal parece, un hijito concebido en el regazo de Benito Juárez.

MAXIMILIANO, EL CADÁVER

I

Benito Juárez se acercó al cadáver de Maximiliano de Habsburgo y con la mano derecha midió el cuerpo: "Era alto este hombre; pero no tenía buen cuerpo: tenía las piernas muy altas y desproporcionadas". Después de un largo silencio aseguró: "No tenía talento, porque aunque la frente parece espaciosa, es por la calvicie". El ministro Sebastián Lerdo de Tejada, a su lado y con el sombrero en la mano en señal de respeto ante el cadáver, lo miró circunspecto.

La visita del presidente y el ministro al templo de San Andrés en la Ciudad de México se llevó a cabo en secreto a solicitud del propio Benito Juárez, una noche de octubre de 1867, según narra el sacerdote, escritor e historiador liberal Agustín Rivera. Cuenta este autor en su libro *La Reforma y el Segundo Imperio* que pocas personas se enteraron de este evento, especie de corolario de la penosa historia del cadáver de Maximiliano y de su breve vida como emperador de México: desafortunada, ninguneada por sus contemporáneos y apenas valorada (en lo que cabe) en el presente. El cadáver del Maximiliano fue llevado al templo después de un largo trajín, desde su fusilamiento en el Cerro de las Campanas en Querétaro en junio de ese año, para atender el deterioro que sufría el embalsamamiento.

Si la anécdota de la visita de Benito Juárez es cierta, también nos dice mucho del vencedor y de su menosprecio por el contrincante ya caído, a quien, por cierto, tuvo la oportunidad de perdonar la vida.

II

"Muy respetable señor: Me dirige Ud. particularmente su carta del 22 del pasado [mayo de 1864], fechada a bordo de la fragata *Novara*, y mi calidad de hombre cortés y político, me impone la obligación de contestarla, aunque muy de prisa y sin ninguna redacción meditada." Con la República a cuestas para rescatarla de la inminente llegada de Maximiliano y su esposa Carlota a México, Benito Juárez respondió —con algo de condescendencia— la misiva del emperador. "Porque ya debe Ud. suponer que el delicado e importante cargo de Presidente de la República absorbe casi todo mi tiempo, sin dejarme descansar ni de noche." En esta carta quiere advertirle a Maximiliano el engaño en el que ha caído y que no le será fácil mantenerse en el poder como le han prometido. Declina cortésmente la invitación para encontrarse en la Ciudad de México, así como la aún más insólita de unirse a su gobierno. Benito Juárez le aclara que jamás cometería tal acto de traición, antes muerto que faltar a su palabra.

> Es dado al hombre, señor, atacar los derechos ajenos, apoderarse de sus bienes, atentar contra la vida de los que defienden su nacionalidad, hacer de sus virtudes un crimen y de los vicios propios una virtud; pero hay una cosa que está fuera del alcance de la perversidad y es *el fallo tremendo de la historia*. Ella nos juzgará.

La comunicación entre ambos personajes no se repitió sino hasta el final de los días de Maximiliano, en junio de 1867, cuando éste le escribió sus últimas palabras a manera de despedida. "Próximo a recibir la muerte —escribió con resignación

el emperador en desgracia—, a consecuencia de haber querido hacer la prueba de si nuevas instituciones políticas lograban
poner término a la sangrienta guerra civil que ha destrozado
desde hace tantos años este desgraciado país, perderé con gusto
mi vida, si su sacrificio puede contribuir a la paz y prosperidad
de mi nueva patria." A saber si era un intento desesperado de
Maximiliano por ablandar el corazón de su enemigo, ofrecien-
do lo único que le quedaba: el sacrificio de su sangre: "Íntima-
mente persuadido de que nada sólido puede fundarse sobre
un terreno empapado de sangre y agitado por violentas conmo-
ciones, yo conjuro a usted, de la manera más solemne y con la
sinceridad propia de los momentos en que me hallo, para que
mi sangre sea la última que se derrame".

Los deseos de Maximiliano hablaban de la realidad nacional,
de un país sumergido desde hacía varios años en la guerra
civil, en las permanentes disputas por el poder, enfrentando
invasiones y experimentando con imperios. A unas cuantas
horas de su muerte, Maximiliano hacía votos por que Juárez
lograra reconciliar los ánimos y "fundar, de una manera estable
y duradera, la paz y tranquilidad de este país infortunado".

En esos momentos Benito Juárez se enfrentaba a una difícil
situación de interés internacional: indultar o no al archiduque de Habsburgo. Varias voces se habían alzado ya a favor
del efímero emperador de México, algunas de ellas de personajes internacionales, figuras tan conocidas como las del
escritor francés y liberal, Victor Hugo, o del libertador ita-
liano Giuseppe Garibaldi. Estados Unidos también metía su
cuchara apelando por la vida de Maximiliano, en un afán quizá
de agradar a los Estados europeos y a solicitud de la reina de
Inglaterra y de Napoleón III.

Victor Hugo le escribió a Benito Juárez el 20 de junio de
1867 para rogarle por la vida de Maximiliano, sin saber que
la ejecución se había llevado a cabo justo el día anterior. En
su carta, el escritor le reconocía el extraordinario papel como

líder de los liberales en defensa de la República y contrarios a la monarquía europea.

> Usted hizo tal cosa, Juárez, y es grande. Lo que le queda por hacer es más grande aún. Escuche, ciudadano presidente de la República Mexicana. Acaba usted de vencer a las monarquías con la democracia. Usted les mostró el poder de ésta; muéstreles ahora su belleza. Después del rayo, muestre la aurora. Al cesarismo que masacra, muéstrele la República que deja vivir. A las monarquías que usurpan y exterminan, muéstreles el pueblo que reina y se modera. A los bárbaros, muéstreles la civilización. A los déspotas, los principios.

Victor Hugo pidió el indulto, que sea piadoso y magnánimo: "Ésa será, Juárez, su segunda victoria. La primera, vencer a la usurpación, es soberbia; la segunda, perdonar al usurpador, será sublime". La carta del escritor llegó muy tarde pero, como dicen sus biógrafos, lo mismo hubiera dado, pues Benito Juárez no pensaba mover un ápice su posición.

La carta de Garibaldi pretendía lo mismo: que Benito Juárez se mostrara magnánimo y no se derramara más sangre: "Tú no desesperaste de la salvación de tu pueblo, para vergüenza de la multitud de traidores, para vergüenza de los soldados de tres potencias reunidas, para vergüenza de las artes de la nigromancia, pronta siempre a asociarse con la tiranía". Pero, hay que decirlo, no derramar más sangre "real", pues de los otros, los "plebeyos", tampoco Victor Hugo se acordó. Termina Garibaldi con sobrada emotividad: "Enemigos, sin embargo, de la efusión de sangre, te suplicamos por la vida de Maximiliano, ¡perdónalo!"

Imposible. Benito Juárez era el gran vencedor. Apegado a la ley, ningún ruego, ninguna dama de rodillas y suplicante, ningún príncipe o gobernante, ningún escritor de valía ni héroe europeo podía hacerlo cambiar de opinión. A las puertas de su despacho improvisado en San Luis Potosí llegaron filas de hombres y mujeres, sobre todo mujeres, a suplicar por la vida de los prisioneros, tanto de las tropas como de los altos mandos del ejército imperial, donde se encontraban Tomás Mejía, Miguel Miramón y Maximiliano.

Entre los relatos de esos días, el de la princesa Inés de Salm-Salm, esposa del príncipe prusiano Félix zu Salm-Salm (ayudante de campo de Maximiliano), describe los últimos momentos previos a la ejecución y el ambiente que privaba en el lugar. Por un lado, el sentimiento de derrota del ejército imperial y del bando conservador, y el miedo ante lo inminente: el castigo, la persecución, la muerte. Inés narra en su diario cómo participó en los intentos por sobornar a los custodios de Maximiliano y cómo el general Mariano Escobedo (el general victorioso en el sitio de Querétaro) la reprendió y la envió de inmediato a San Luis Potosí; la princesa aprovechó la oportunidad para ver a Benito Juárez y suplicar por la vida de su marido y de Maximiliano. Le prometió intervenir para que, aun cuando el príncipe Félix fuera sentenciado a la pena de muerte, no fuera fusilado; en cuanto a Maximiliano… de ninguna manera.

Benito Juárez estaba arrepentido de haber concedido una prórroga de tres días a la fecha de ejecución a solicitud del barón Magnus (embajador prusiano en México): los extranjeros —le dijo a la princesa— "le echaban en cara a él, el 'Indio', la crueldad de haber prolongado intencionalmente la agonía del Emperador". El comentario no era paranoia de su parte; bien sabía la opinión que en algunas naciones se tenía sobre México. En Estados Unidos, Matías Romero batallaba todos los días con los políticos para mantenerlos a raya de los acontecimientos y contener cualquier posibilidad de intervención; cuando el congresista William H. Seward se enteró del fin de Maximiliano le expresó al ministro Matías Romero:

[...] que comprendía bien que el estado social de México era muy diferente del que prevalece aquí y en Europa: que los Estados Unidos se van asimilando cada día más, a pesar de la diversidad de instituciones, a la civilización europea [...] que México tenía un estado social diferente y no le causa extrañeza, por lo mismo, los sucesos que han tenido lugar en la república.

El diplomático mexicano entendió el mensaje: "Aunque me pareció que esta manera de raciocinar era inexacta en algunos puntos, pues equivale a querer hacer una distinción entre nosotros y las naciones civilizadas, poniéndonos debajo de estas", creyó pertinente no debatir "una cuestión abstracta".

Benito Juárez estaba en una encrucijada: si perdonaba la vida a Maximiliano, se suponía que las naciones "civilizadas" en Europa y los Estados Unidos apreciarían este acto como una señal de civilidad; pero de no hacerlo, sería un signo de la barbarie en el país. Sin embargo, Benito Juárez no lo veía así. Cuando la princesa de Salm-Salm se lanzó a sus pies para suplicar el indulto, éste intentó levantarla y le explicó sus razones: "Me causa verdadero dolor, señora, el verla así de rodillas; mas aunque todos los reyes y todas las reinas estuviesen en vuestro lugar, no podría perdonarle la vida —la princesa afirma que Juárez estaba conmovido—, no soy yo quien se la quitó; es el pueblo y la ley que piden su muerte; si yo no hiciese la voluntad del pueblo, entonces éste le quitaría la vida a él, y aún pediría la mía también". El presidente se refería a la ley del 25 de enero de 1862, motivo de polémicas todavía en la actualidad. En aquel año de 1862 la nación estaba amenazada por otras que veían en México a un país inestable, cuyos conflictos internos lo hacían vulnerable hacia el exterior, lo cual era cierto. La suspensión de la deuda mexicana con Francia, España e Inglaterra fue el pretexto para la Intervención francesa. Benito Juárez, en su carácter de presidente de la República hizo lo que correspondía en defensa de la patria, en principio, tratar de unir a todos los mexicanos, sin importar ideologías ni partidos, hacia el mismo fin, para lo cual se había decretado previamente (2 de diciembre de 1861) la Ley de Amnistía con la intención de atraer a los antiguos disidentes. Ante el embate de los acontecimientos, esta ley pareció insuficiente y el 25 de enero de 1862 Juárez se dirigió al Congreso: "Que en uso de las amplias facultades con que me hallo investido, he decretado la siguiente ley para castigar los delitos contra la Nación, contra el orden, la paz pública y las garantías individuales", y a continuación se enlistaban los delitos contra la independencia y seguridad de la nación, tales como:

I.   La invasión armada, hecha al territorio de la República por extranjeros y mexicanos, o por los primeros solamente, sin que haya precedido declaración de guerra por parte de la potencia a que pertenezcan.

II.   El servicio voluntario de mexicanos en las tropas extranjeras enemigas, sea cual fuere el carácter con que las acompañen.

III.   La invitación hecha por mexicanos o por extranjeros residentes en la República, a los súbditos de otras potencias, para invadir el territorio nacional, o cambiar la forma de gobierno que se ha dado la República, cualquiera que sea el pretexto que se tome.

IV.   Cualquiera especie de complicidad para excitar o preparar la invasión, o para favorecer su realización y éxito.

[...]

La ley era sumamente rígida y prácticamente no dejaba margen de acción a los enemigos de la República, vaya, no cabía siquiera la intención o el pensamiento, ya que cualquier ciudadano podía acusar a otro de traición. Desde entonces, muchos la consideraron cruel y sanguinaria, aunque los investigadores han concluido que no siempre se aplicó a cabalidad, pues Benito Juárez fue lo suficientemente prudente como para no pedir su cumplimiento en todos los casos. Al parecer no corrió *tanta* sangre por su aplicación, salvo cuando se trató de Maximiliano y su plana mayor, por no hablar de los miles de muertos de ambos bandos en la guerra contra la Intervención francesa y la resistencia en los años del Segundo imperio. La ley contemplaba a la autoridad militar como la única competente para conocer los delitos especificados en la misma, el proceso de averiguación y la instalación del consejo de guerra. Y era clara en el castigo: la pena de muerte, así como en considerar inadmisible el recurso de indulto.

Durante los años de la Intervención y del imperio de Maximiliano, en México prácticamente hubo dos gobernantes, pues Benito Juárez logró mantener con vida su gobierno en forma itinerante, más o menos como había sucedido en los años de la Guerra de Reforma. Desde 1861 no se vislumbraba una victoria liberal tan contundente como en esos primeros meses de 1867, cuando los conservadores y monarquistas fueron perdiendo terreno con un emperador que apenas podía controlar nada y estaba cada vez más debilitado anímica y políticamente. Por un lado, carecía del apoyo de Napoleón III; por el otro, su esposa y cómplice en la administración del imperio durante su breve reinado, Carlota de Bélgica, se encontraba a miles de kilómetros de distancia y, según las últimas noticias, había enloquecido. Maximiliano trató de negociar su salida del país sin conseguirlo y en una huida disfrazada de resistencia a las fuerzas republicanas fue sitiado en Querétaro. El ejército imperial resistió por cerca de 70 días hasta que el hambre y el desabasto mermaron las fuerzas de los sitiados. El general Mariano Escobedo rompió el cercó y penetró en el sitio en busca de Maximiliano; alrededor de las ocho de la mañana —informó el general— del 15 de mayo "se rindió a discreción, en el expresado cerro [de las Campanas], Maximiliano con sus generales Castillo y Mejía". Benito Juárez felicitó a Escobedo y a sus tropas con un telegrama vía su ministro de Guerra, Ignacio Mejía.

En los siguientes días Mariano Escobedo les comunicó a sus superiores los deseos de Maximiliano, entre otras cosas que en el mes de marzo envió su abdicación que constaba en los archivos para su publicación una vez que fuera hecho prisionero, y que "no desea otra cosa que salir de México, y que en consecuencia, espera que se le dé la custodia necesaria para embarcarse". Mariano Escobedo le hizo saber al prisionero que nada de eso podía concederle, tan sólo dar cuentas al supremo gobierno. La posición del general victorioso era una manifestación del sentir de muchos mexicanos:

> Desde el momento en que fue ocupada la plaza de Querétaro, empecé a recibir excitativas de todas partes para que procediera contra los culpables. De seguro que lo habría hecho así, con las facultades que me acuerda la ordenanza, si desde luego no los hubiera puesto a disposición del supremo gobierno. Los atentados y crueldades de todo género ejecutados por los extranjeros y traidores, ocasionando con ellos la ruina de millares de familias que gimen aún en la orfandad y más espantosa miseria, demandan el pronto y ejemplar castigo de los hombres funestos que todo lo han sacrificado a sus ambiciones y caprichos.
>
> Con el resultado de la ocupación de la plaza de Querétaro, los pueblos todos creen asegurado su bienestar y reposo, y esperan que el supremo gobierno preparará una era de paz y prosperidad para la República, aplicando la ley a los culpables.

Para muchos era evidente lo que se esperaba de Benito Juárez: que hiciera cumplir la ley del 25 de enero de 1862, empezando por el proceso y juicio de Maximiliano, y facilitando en todo momento que contara con la debida defensa. Durante el proceso, en más de una ocasión Maximiliano se dirigió a Benito Juárez como "presidente", le pidió entrevistas —que no le fueron concedidas, desde luego—, solicitó prórroga al juicio para que su defensa llegara a tiempo —que le fue concedida—. El presidente escuchó a todos los que pedían por la vida de Maximiliano, Miramón y Mejía, y a todos contestó lo mismo que a la princesa de Salm-Salm: que el indulto era improcedente no sólo porque así lo decía a la letra la ley y Benito Juárez estaba dispuesto a hacerla cumplir, sobre todo con quienes considera-ba los responsables directos de la guerra en la que estaba sumido el país desde hacía tanto tiempo, los usurpadores, invasores y traidores a la patria. Su decisión tenía que ver con poner en todo lo alto la figura del Ejecutivo al interior y al exterior; como un presidente fortalecido gracias a la victoria militar, sí, pero tam-bién por tener a la ley de su lado; un digno representante del pueblo mexicano, defensor en todo momento de los intere-ses de la nación. No era el momento de parecer pusilánime ni Benito Juárez lo era. México debía mostrarse como una nación firme, capaz de expulsar a quien osara "profanar con sus plantas su tierra". El mensaje: que se supiera en el mundo que la historia de una invasión no se volvería a repetir, y para ello, Maximi-liano debía morir.

III

El 15 de julio de 1867 Benito Juárez hizo su entrada triunfal a la Ciudad de México y en su mensaje a la nación insistió en que el regreso al orden y el camino a la prosperidad sólo podían conseguirse con el respeto a las leyes y con la obediencia a las autoridades elegidas por el pueblo.

> Mexicanos: Hemos alcanzado el mayor bien que podíamos desear, viendo consumada por segunda vez la independencia de nuestra patria. Cooperemos todos para poder legarles a nuestros hijos un camino de prosperidad, amando y sosteniendo siempre nuestra independencia y nuestra libertad.

EL "INCIDENTE" DE ANTÓN LIZARDO

I

La mañana del 6 de marzo de 1860 el barco mercante *General Miramón* flotaba herido a causa de una fugaz pero eficaz batalla en las aguas del Golfo de México, a unas millas del puerto de Veracruz, en el fondeadero llamado Antón Lizardo. La nave cubana, un poco vieja y maltrecha, fue adquirida por el contraalmirante Tomás Marín por órdenes del jefe del gobierno conservador, Miguel Miramón, para preparar el ataque al puerto de Veracruz, pero no contaba con que Benito Juárez había hecho un arreglo con el gobierno estadounidense para fortalecer su defensa y romper el sitio al que estaba sometido en el puerto.

A un costado del *General Miramón* se encontraba la corbeta *Saratoga* con la bandera de Estados Unidos por todo lo alto; la nave estaba ilesa y sin un rasguño. Del *General Miramón*, ya con la bandera blanca arriba, descendió el contraalmirante Tomás Marín, quien fue puesto prisionero en la cámara del mando del *Saratoga*, el comandante Turner.

Una semana después el contraalmirante Marín, el capitán Arias y otros miembros de la tripulación fueron trasladados a otra nave, también estadounidense, el *Preble*, que levó anclas y partió rumbo a Nueva Orleans en tierras estadounidenses. "Durante la travesía de dicho buque a este puerto —informó el capitán Arias a sus superiores en México—, que duró doce días, hemos recibido el trato más indigno que se puede imaginar."

Los periódicos en el vecino país anunciaron el evento como la "llegada de los piratas" para ser sometidos a juicio. El comandante Turner reportó sólo un herido entre los hombres a su mando; mientras que del otro lado hubo al menos tres muertos y varios heridos de gravedad.

Pero, ¿cómo llegamos a esta situación?: ¿Naves extranjeras haciendo la guerra en aguas mexicanas?, ¿embarcaciones con la bandera escondida y con planes de iniciar un ataque?, ¿nula intervención de las fuerzas del Estado mexicano, heridos mexicanos sometidos a juicio en otro país y abandonados prácticamente a su suerte? Para encontrar las respuestas debemos retroceder un poco más en el tiempo.

II

Durante la Guerra de Reforma el país mantenía dos gobiernos que se autoproclamaban legítimos, el conservador al mando de Miguel Miramón y el liberal bajo el liderazgo de Benito Juárez. Ambos bandos luchaban también por el reconocimiento en el exterior; hasta que en marzo de 1859 el gobierno de Estados Unidos reconoció al de Benito Juárez, en lo que fue un logro de la diplomacia y las negociaciones de alto nivel entre ambos gobiernos. Con un alto costo, como ya veremos, pero en principio el reconocimiento daba un respiro a Benito Juárez y su gabinete[3] que pasaban por momentos críticos. El apoyo del presidente de Estados Unidos, el demócrata James Buchanan, implicaba el equilibrio de fuerzas con los conservadores, en

---

[3] Dicen por ahí que el pueblo los llamaba la "familia enferma": dado que llevaban la República a cuestas, o mejor dicho, en las diligencias, las ventanas de los carros estaban siempre cubiertas de modo que si alguien quería descubrir quién viajaba en ellas, los choferes simplemente respondían: "Una familia enferma", y así ahuyentaban a los curiosos.

tanto que éstos contaban a su vez con el beneplácito de algunas monarquías europeas.

Miguel Miramón (el mismo que moriría años después al lado del emperador Maximiliano) era el presidente interino colocado ahí por los conservadores y mantenía su sede en la Ciudad de México. Los días 10 y 11 abril de ese mismo año de 1859 en el pueblo de Tacubaya se enfrentaron las fuerzas constitucionalistas o liberales y las conservadoras al mando de Leonardo Márquez. El encuentro fue desastroso para los primeros, que sufrieron el embate de Márquez, un general con fama de rudo y que pasaría a la historia como *el Tigre de Tacubaya*; en el bando conservador perdieron la vida 98 hombres y 72 caballos y hubo casi 200 heridos; en el bando constitucionalista había 206 prisioneros, "de éstos, fueron pasados por las armas los que fungían de oficiales, con arreglo a la ley de conspiradores", según informó el propio Márquez. Sin embargo, esta matanza dio origen a la historia de los "mártires de Tacubaya", pues "la mayor parte de los que sucumbieron eran médicos que desempeñaban en aquel momento sus humanitarias funciones, o paisanos que no tenían ningún carácter militar", como cuentan los cronistas. Tiempo después Márquez quiso lavarse las manos de la matanza responsabilizando a Miramón en su carácter de presidente, alegando que él sólo obedecía órdenes, y Miramón, antes de enfrentarse al pelotón de fusilamiento en el Cerro de las Campanas (1867), quiso aclarar que nunca había dado orden de pasar por las armas a médicos y paisanos. Al parecer entre los muertos de Tacubaya había ciudadanos estadounidenses o al menos ése fue uno de los argumentos utilizado por el gobierno para justificar su intención de seguir apoyando a Benito Juárez.

Mientras tanto, Estados Unidos envió como representante plenipotenciario al senador Robert M. McLane, que llegó en abril a Veracruz; en su carta de presentación declaraba su confianza en el gobierno juarista: "Confío en que la administración de Vuestra Excelencia en los asuntos públicos de su patria, sea distinguida por la perfección y la consolidación de aquellos grandes principios de libertad constitucional que forman los elementos fundamentales de la verdadera libertad". A lo que Juárez respondió con el mismo entusiasmo: "Procuraré asimismo corresponder a la benévola simpatía con que el pueblo de Estados Unidos se ha dignado distinguirme".

La designación de McLane no era una casualidad, pues una década antes él había sido un fuerte promotor de la anexión de México a los Estados Unidos. En un discurso dirigido a la Cámara de Representantes de Estados Unidos la mañana del 19 de enero de 1848 se pronunció por continuar la guerra con México para buscar la anexión. McLane consideraba insuficiente conformarse con territorios:

> Tal adquisición *combinada con ciertas relaciones comerciales fijas y la ocupación de algunos puntos en la costa y en el interior*[4] que nos aseguraran su debido ejercicio y uso, podría, tal vez, satisfacer las demandas y esperanzas justas de una política americana prudente. Nada menos, sólo esto constituiría, a mi juicio, una paz satisfactoria.

En aquellas palabras de McLane se prefiguraban los puntos del tratado que llevaría su nombre, como veremos más adelante.

En la segunda mitad de 1859 Juárez temía lo avanzado de las negociaciones entre los representantes de Miramón y el gobierno español; ambos líderes pasaban por los mismos problemas para financiar sus campañas y la mirada al extranjero era una posible opción de la que ninguno, era evidente, saldría impoluto. Mientras los conservadores negociaban el Tratado de Mon-Almonte con España, los liberales dialogaban sobre las condiciones del Tratado McLane-Ocampo. En el primero Miramón esperaba obtener 700 000 pesos a cambio de reconocer una supuesta deuda que alcanzaba los 15 millones de pesos.

---

[4] Las cursivas son mías.

En el tratado gestionado por los liberales el gobierno de Benito Juárez recibiría dos millones de dólares en una primera remesa y otro tanto en la segunda (y última) a cambio, entre otras cosas, de permitir el paso "a perpetuidad" de efectos y mercancías por puntos estratégicos del territorio, como eran el istmo de Tehuantepec, las ciudades de Camargo, Matamoros y Monterrey en el noreste, el puerto de Mazatlán, Guaymas y el rancho de Nogales en el noroeste. Además, se comprometían las vías de paso "por cualquier ferrocarril o ruta de comunicación, natural o artificial, que exista actualmente o existiere o fuere construido en lo sucesivo". El artículo V del tratado, ratificado por Juárez, era igualmente polémico:

> Conviene la República Mexicana que si en algún tiempo se hiciese necesario emplear fuerzas militares para la seguridad y protección de las personas y los bienes que pasen por alguna de las precitadas rutas, empleará la fuerza necesaria al efecto; pero si por cualquier causa dejase de hacerlo, el Gobierno de los Estados Unidos, con el consentimiento, o a petición del Gobierno de México, o de su Ministro de Washington, o de las competentes y legales autoridades locales, civiles o militares, podrá emplear tal fuerza con éste y no con otro objeto; y cuando, en la opinión del Gobierno de México, cese la necesidad, inmediatamente se retirará dicha fuerza. Sin embargo, en el caso excepcional de peligro imprevisto o inminente para la vida o las propiedades de ciudadanos de los Estados Unidos, quedan autorizadas las fuerzas de dicha República para obrar en protección de aquéllos, sin haber obtenido previo consentimiento, y se retirarán dichas fuerzas cuando cese la necesidad de emplearlas.

Tanto Melchor Ocampo, siendo el ministro del gobierno liberal a cargo de esta negociación, como Benito Juárez estaban plenamente conscientes de lo que hacían. Una década antes Melchor Ocampo había renunciado a la gubernatura de Michoacán en protesta por la firma del Tratado de Guadalupe-Hidalgo (1848) con el que se había cedido la mitad del territorio mexicano. En esta ocasión consideraba que la alianza era la única oportunidad para ganar la guerra contra los conservadores y frenar la posible invasión europea. Además, el gobierno estadounidense era más afín a las ideas de su grupo, así como sus instituciones un ejemplo hacia la aspirada democracia. Melchor Ocampo le escribió a su yerno, José María Mata, que Estados Unidos era "el núcleo alrededor del cual se formará la humanidad futura". La alianza le parecía inevitable; en sus cálculos, era el mal menor.

La realidad es que las fuerzas constitucionalistas y liberales se enfilaban a la derrota, a finales de 1859 no contaban con plaza más importante que Veracruz. No es difícil imaginar a Benito Juárez desesperado pues los conservadores habían logrado que España amenazara con hacerle la guerra y mantenían conversaciones con Napoléon III. El panorama presentaba dos perspectivas: la invasión extranjera y la monarquía, o la alianza con un país democrático y liberal. La segunda era, desde luego, la más aceptable de todas aun cuando los términos del tratado ponían en seria desventaja a la nación.

En las negociaciones con McLane, Ocampo había obtenido algunos "triunfos", como que las aspiraciones territoriales (por venta o cesión) de Estados Unidos fueron cambiadas por los permisos de tránsito sin que México perdiera la soberanía sobre esos pasos. En todo caso, el Tratado McLane-Ocampo no tenía buena pinta y la percepción de muchos, incluso de fervientes admiradores de Benito Juárez, fue que se había equivocado. Entre sus contrarios y detractores no cabía la menor duda de que Benito Juárez era un traidor a la patria, aun cuando este tratado era una respuesta al Mon-Almonte, igualmente leonino y ventajoso.

El 14 de diciembre de 1859 se firmó el Tratado McLane-Ocampo, pero el Congreso de Estados Unidos no lo ratificó y lo dejó sin validez. El Congreso alegó que contravenía los intereses de ese país y porque finalmente se trataba de una pugna entre los librecambistas y los proteccionistas; que no incluía la compraventa de territorios de interés de los estados esclavistas (hay que recordar que Estados Unidos estaba dividido por esta cuestión), y por la poca estabilidad del gobierno juarista, entre otras razones.

Por otro lado, lo cierto es que Benito Juárez se estaba extralimitando en sus funciones, pues si bien contaba con facultades extraordinarias y podía firmar convenios que le proveyeran de fondos para garantizar la paz, la Constitución no preveía la facultad de firmar un tratado de esa magnitud. Así que, de un modo o de otro, el tratado no era viable. Lo que sí logró fue socavar la confianza de algunos sobre su gestión, una factura que muchos (liberales y conservadores) le cobrarían después.

El rechazo de Estados Unidos no bajó los ánimos de los liberales y menos de Benito Juárez, que arremetió con otro discurso (el 30 de enero de 1860) contra el Tratado de Mon-Almonte: "En septiembre del año anterior, un tratado injusto en su esencia, extraño a los usos de las naciones por los principios que establece, ilegítimo por la manera en que ha sido ajustado, y contrario a los derechos de nuestra patria". Dicho esto, puede pensarse que en ningún momento consideró injusto ni contrario a los derechos de la patria el tratado que él proponía.

III

A pesar del fracaso de la firma del tratado impulsado por el gobierno juarista, las fuerzas liberales mantenían la defensa del puerto de Veracruz. El 28 de febrero de 1860 Benito Juárez arengó a sus seguidores ante el inminente ataque de los conservadores que intentaban romper el cerco por el mar:

Soldados:

Se acerca el momento en que vais a dar nuevas pruebas de vuestro valor y patriotismo. Los que traicionando a sus juramentos se rebelaron contra la suprema autoridad de la República [...] los que durante dos años han empobrecido y ensangrentado a la República despojando de sus propiedades a personas indefensas y asesinando a prisioneros inermes, a jóvenes inocentes y aún a médicos, [...] son los que hoy vienen a provocar vuestro coraje. [...] Valientes defensores de la Heroica Veracruz: aprestaos al combate y pronto os cubriréis de gloria inmarcesible.

Para entonces los liberales sabían ya de la compra de los barcos en La Habana, Cuba. Uno de ellos, el ya citado *General Miramón* que debía navegar con bandera mexicana pero por alguna razón la mantuvo oculta, mientras que el *Marqués de La Habana* lo hacía con pabellón español; ambas naves fondearon en aguas veracruzanas en el muelle de Antón Lizardo.

En Veracruz se encontraba el comandante Turner, señaladamente juarista, con instrucciones de proteger a los ciudadanos y bienes estadounidenses. Santos Degollado, entonces ministro de Relaciones Exteriores, pidió a ese gobierno que considerara como piratas a los barcos mencionados. Según los informes de Turner a la media noche del 6 de marzo se encontraba navegando cerca de Antón Lizardo en misión de vigilancia cuando vio dos naves que, al acercarse a ellas, emprendieron la huida. Este acontecimiento era por sí solo grave, dado que una nave extranjera carecía de facultades para ejecutar labores de vigilancia en aguas mexicanas. Sin embargo, los informes de los capitanes de ambos barcos consignan así lo ocurrido. Por un lado, el informe de Turner se contrapone con el de Marín, pues uno y otro se culpan mutuamente de haber iniciado el ataque. El primero argumentó siempre que el barco español tardó mucho en mostrar la bandera y que el *General Miramón* nunca lo hizo. Lo cierto es que Turner sometió a ambas embarcaciones y que el capitán del *Marqués de La Habana* confesó que había sido contratado por Marín para transportar provisiones y municiones de guerra. Cuando se cuestionó al capitán del *General Miramón* las razones por las que había iniciado el ataque, Marín respondió que

> había dicho a su tripulación que estaba seguro de que eran barcos americanos de guerra y les prohibió de modo definitivo que hicieran fuego; pero que la tripulación era una mezcla de nacionalidades, llevada recientemente a bordo y no estando propiamente disciplinada le fue imposible dominarla.

El encontronazo había durado entre 30 y 45 minutos de fuego incesante según los reportes de los estadounidenses, con las bajas y heridos ya mencionados; además de las municiones y armas recuperadas por el *Saratoga* y que los barcos derrotados habían intentado ocultar tirándolas por la borda. Marín y parte de la tripulación pasaron por un penoso juicio en Nueva Orleans sin que el gobierno de Miramón respondiera por ellos y tan sólo manifestara su desconcierto ante los hechos calificados como un ataque directo a la independencia de México. Aunque, precavidos, responsabilizaron al capitán Turner acusándolo de haber actuado bajo su propia cuenta y con simpatía por los liberales.

En cualquier caso, el gobierno estadounidense no hizo gran caso de los reclamos y, por el contrario, se manifestó a través de Robert McLane:

> Como no reconocemos al gobierno que tiene su autoridad en la ciudad de México, negamos su derecho para hacer reclamaciones al respecto y no hemos tomado nota del documento. Sin embargo le enviamos copia de la traducción para que la someta al gobierno legítimo de la República encabezada por el Presidente

Juárez. Ese gobierno determinará qué medidas deben tomarse, si algunas hay que tomar en las actuales circunstancias.

IV

En los libros de historia a este pasaje se le conoce como el "incidente de Antón Lizardo", pero, como se ve, difícilmente puede calificarse como mero incidente. A pesar de que el Tratado McLane-Ocampo carecía de validez, la armada estadounidense no sólo se paseaba como por su casa en aguas mexicanas, sino también había perpetrado un ataque, matado, herido y apresado a mexicanos. Todo con el conocimiento de Benito Juárez.

La victoria del *Saratoga* fue clave para que el gobierno constitucionalista no cayera en Veracruz. Por un lado, si los barcos comprados en Cuba hubieran estado en mejores condiciones y bien aprovisionados y la tripulación mejor capacitada, tal vez hubieran presentado mayor resistencia a la hora de la batalla. Por otro lado, la alianza tácita de Benito Juárez con Estados Unidos le permitió contar con aliados poderosos y estar en mejores condiciones para enfrentar al enemigo. Así que aún sin tratado firmado, Benito Juárez contó con el apoyo estadounidense y lo aprovechó en el momento indicado. La alianza no oficial se soportaba en la máxima de "el fin justifica los medios". Es probable que firmara sin temor el Tratado McLane-Ocampo sabiendo que en cualquier momento podía desdecirse de él o de algunos de sus puntos, pero sobre todo porque en la balanza era más importante salvar la república liberal: pensaba que, si llegaba a perder algo con el tratado, de todos modos ganaba. Era un perder para ganar, una estrategia a la que Benito Juárez le apostó en más de una ocasión.

¿SER O NO SER?

Benito Juárez nació el 21 de marzo de 1806 en el pueblo de Guelatao, Oaxaca. Desde ese día y hasta que concluyó sus estudios en el Instituto de Ciencias y Artes de Oaxaca su vida no tuvo nada de particular, salvo eso: haber estudiado la carrera de leyes en el recién inaugurado instituto. Ser un hombre indígena educado ciertamente era poco usual, pero en México el analfabetismo alcanzaba el 95% de la población, sin importar el grupo social al que se perteneciera. Su matrimonio con Margarita Maza le dio unos hijos mestizos, pero nada de esto influyó de manera evidente en el Benito Juárez que sería después.

La historia oficial y la no oficial han promovido hasta el cansancio el origen zapoteca de uno de los personajes más queridos y respetados en México y en otros países; sin embargo, no parece ser razón suficiente para definir su protagonismo y liderazgo histórico, si así fuera, nuestra historia estaría llena de grandes personajes a los que se les ha reconocido su valor, inteligencia, fortaleza y patriotismo, y es claro que en ese sentido seguimos en deuda.

¿De dónde, pues, surgió un hombre como Benito Juárez? Es cierto que necesitamos de la existencia de los héroes, de hombres y mujeres que sobresalen de la media, capaces de hacer lo que las personas del común somos incapaces y por eso necesitamos concebirlos extraordinarios de principio a fin. Tal vez la respuesta es más simple: Benito Juárez era un hombre sumamente inteligente que supo inventarse a sí mismo, que construyó su imagen y figura con sencillez, sin barroquismos: eso sí, hombre de su siglo, era moderno como podía serlo un hombre letrado de la segunda mitad del siglo xix, y congruente consigo mismo, buscó implantar esa modernidad en el país.

A mí me parece un hombre franco; no creo que haya engañado a nadie nunca con sus intenciones: quería ser presidente no sólo porque creía merecer el cargo sino porque estaba seguro de que nadie lo haría como él. Porque si algo no se le puede regatear a Benito Juárez es que amó a México y que trabajó hasta su muerte con esa convicción. Pero también creo que todas las veces que no escuchó a sus adversarios o, peor, los silenció, iba allanando el camino hacia el autoritarismo y la dictadura. No la de él porque finalmente murió en funciones, pero sí la de Porfirio Díaz. La historia de Benito Juárez es la historia de la construcción del México moderno con sus defectos y sus virtudes.

CRONOLOGÍA DEL PODER

1857 Ministro de Gobernación y presidente de la Suprema Corte de Justicia en el gobierno de Ignacio Comonfort.

1858 Enero. Toma el cargo de presidente sustituto.

1861 Al finalizar la Guerra de Reforma, Benito Juárez convoca a elecciones presidenciales, en las que resulta ganador.

1861-1865 Concluye el primer periodo como presidente electo.

1865 Con el fin de hacer frente a la Intervención francesa, Benito Juárez hace uso de sus poderes extraordinarios y prorroga su mandato.

1867 Con el triunfo de la República, convoca nuevamente a elecciones. Es su primera reelección.

1871 Se llevan a cabo las primeras elecciones presidenciales en situación de paz. Benito Juárez es reelecto por segunda ocasión.

BIBLIOGRAFÍA

Antología de textos. La Reforma y el Segundo imperio (1853-1867), México, UNAM, 2008.

Benítez, Fernando, *Un indio zapoteco llamado Benito Juárez*, México, Penguin Random House, 1ª edición digital, 2015.

Bulnes, Francisco, *El verdadero Juárez y la verdad sobre la intervención y el imperio*, México, Librería de la Vda. de Ch. Bouret, 1904.

Carreño, Alberto María, *Los Estados Unidos en Antón Lizardo*, México, Centro de Estudios Humanísticos de la Universidad de Nuevo León, s. f.

———, *El archivo histórico de Porfirio Díaz*, México, UNAM, Instituto de Historia, 1951.

Fowler, Will, *Gobernantes mexicanos*, t. I, México, FCE, 2008.

Galindo y Galindo, Miguel, *La gran década nacional, 1857-1867*, tomos I y II, México, INEHRM, 2009.

Juárez, Benito, *Discursos y manifiestos de Benito Juárez* (recop. de Ángel Pola), México, INEHRM, 2009.

———, *Exposiciones (cómo se gobierna)*, México, INEHRM, 2009.

———, *Miscelánea. Comunicados, respuestas, iniciativas, dictámenes, informes, brindis* (recop. de Ángel Pola), México, INEHRM, 2009.

Juárez. Semblanza y correspondencia, México, FCE, 1997.

Krauze, Enrique, *Siglo de caudillos*, México, Tusquets Editores, 1994.

Molina Enríquez, Andrés, *La Reforma y Juárez, estudio histórico-sociológico*, México, Tipografía de la Viuda de Francisco Díaz de León, 1906.

Pérez Martínez, Héctor, *Juárez, el impasible*, Campeche, Gobierno del Estado de Campeche, 2006.

Nueva historia mínima de México, México, El Colegio de México, 2015.

Peza, Juan de Dios, *Epopeyas de mi patria, Benito Juárez*, México, J. Ballescá y Cía. Sucesores Editores, 1904.

Quirarte, Martín, *Historiografía sobre el imperio de Maximiliano*, México, UNAM, 1993.

Riva Palacio, Vicente, *México a través de los siglos*, t. V: *La Reforma*, [facsímil], México, Editorial Cumbre, 1980.

Roeder, Ralph, *Juárez y su México*, México, FCE, formato epub, 2013.

Ratz, Konrad, *Correspondencia inédita entre Maximiliano y Carlota*, México, FCE, 2003.

Rivera, Agustín, *La Reforma y el Segundo Imperio*, Lagos de Moreno, Jal., Impr. López Arce, 1904.

Rosas, Alejandro, y José Manuel Villalpando, *Muertes históricas*, México, Planeta, 2008.

Rosen Jélomer, Boris, *Benito Juárez y Jesús González Ortega: una polémica histórica*, México, INEHRM, 2009.

Sierra, Justo, *Juárez, su obra y su tiempo*, [facsímil], México, Condumex, 1990.

Zayas Enríquez, Rafael de, *Benito Juárez. Su vida, su obra*, México, Tipografía de la Viuda de Francisco Díaz de León, 1906.

JUÁREZ DE "A DEVIS"

———————

Alejandro Rosas

DE GUELATAO A LA SILLA PRESIDENCIAL

Cuando un gobierno manda hacer algo como la Cabeza de Juárez (1972-1976) y la sociedad lo acepta sin meter las manos significa que el personaje histórico que inspiró la escultura, monumento o lo que sea —me entero en pleno 2019 de que es museo—, se perdió entre la historia oficial, los discursos sensibleros, la demagogia, la retórica barata, los mitos absurdos y el mal gusto.

Y es que Benito Juárez es un personaje que ha rodado de acá para allá; fue elevado al altar de la patria —con justa razón—, pero una vez ahí lo cubrieron de bronce y le arrebataron su dimensión real: ése es el Juárez del bien contra el mal; el héroe inmaculado, el infalible, el que hablaba siempre para la posteridad, el que nunca dudó ni se equivocó y del que, de acuerdo con el sistema político priista, nadie podía hacer una broma, como la que se le ocurrió a Manuel "el Loco" Valdés cuando le llamó "Bomberito Juárez y Manguerita Maza" y por lo cual lo mandaron a la banca un buen rato.

Pero Juárez, el personaje histórico, está muy lejos de los monumentos, de los billetes, de las monografías de papelería de otros tiempos; también está lejos de Carranza, de Echeverría y de López Obrador —los tres presidentes que se han asumido como la reencarnación del Benemérito—, que lo acomodaron de acuerdo con sus necesidades y con las necesidades del momento.

El personaje histórico es apasionante y entrañable por contradictorio. ¡No! Benito Juárez nunca tocó una flauta de carrizo ni salió huyendo de San Pablo Guelatao por haber perdido uno de los borregos de su tío; nunca fue antirreligioso sino anticlerical, no combatió el dogma sino a la Iglesia abusiva y corrupta; incluso, en las leyes de Reforma, estableció como días no laborables varias festividades religiosas, la principal fue la de la virgen de Guadalupe.

Benito no fue defensor de los pueblos indígenas ni intentó protegerlos, quería integrarlos a la república a través del principio básico del liberalismo político: igualdad ante la ley y a través de la educación, por eso los indios prefirieron el trato paternalista de Maximiliano. Juárez no fue diputado constituyente en 1856-1857 ni firmó la Constitución, la juró, eso sí, pero tampoco pudo gobernar con ella durante 10 años (1857-1867), sin embargo la convirtió en bandera política, en el gran símbolo de la lucha contra los conservadores y luego contra la intervención y el imperio.

Juárez también metió la pata refeo, particularmente en dos ocasiones. El tratado McLane-Ocampo (1859) pudo ser su perdición y su llave a la villanía nacional porque a cambio de apoyo y reconocimiento para su gobierno permitía el libre tránsito de mercancías, ciudadanos y tropas estadounidenses por el istmo de Tehuantepec a perpetuidad, pero como Dios resultó ser juarista, los gringos no ratificaron el tratado, así que nunca entró en vigor y de todas formas le echaron la mano para derrotar a los conservadores.

La segunda regada fue más grave; por sus pistolas —sí, era autoritario, tozudo y hasta necio—, y al grito de "debo no niego pago no tengo", suspendió el pago de la deuda externa por dos años (1861) —luego se echó para atrás pero fue demasiado tarde—. El asuntito de hacerle al valiente culminó con la intervención francesa y el imperio de Maximiliano, a quien llevó a juicio para fusilarlo y dejarlo bien frío, como era debido.

Como los grandes, Benito pastoreó muy bien al país durante 10 años de guerra; sí, sí escribió su famosa frase del "respeto al derecho ajeno es la paz"; sí, sí es original y está en su discurso del 15 de julio de 1867. Luego le agarró gusto a la silla presidencial. Gobernó 14 años de manera ininterrumpida (1858-1872), le hizo ojitos a la reelección en 1871, la ganó pero una afección cardiaca —no, no fue envenenado—, lo mandó al otro barrio en 1872.

Con todo y la cabeza de Juárez, con todo y Echeverría que comparó a la esposa de Salvador Allende con Margarita Maza, con todo y que el sistema político mexicano jamás respetó "la obstinación del derecho" que demostró Juárez desde el poder, es un hecho: Benito fundó el Estado laico, defendió siempre la igualdad ante la ley y sentó las bases del Estado-nación mexicano, y ese legado sigue vigente.

Hay una diferencia abismal entre el Benito Juárez de la cuarta transformación y el que cubrió de bronce la historia oficial durante décadas y el personaje histórico. En estos tiempos turbulentos vale la pena recuperar su dimensión histórica.

TODOS LOS CAMINOS LLEVAN A JUÁREZ

El lugar es un santuario laico. La plaza del pueblo rompe con la vieja tradición hispánica que trazaba a partir de un espacio central donde convergían los poderes públicos y eclesiásticos, representados por el palacio de gobierno y la iglesia principal. Fiel a su destino histórico, aquel pueblo oaxaqueño conserva un espacio público, cívico y laico, sin una iglesia en su plaza. No podía ser de otra manera, San Pablo Guelatao sólo se explica a través de Benito Juárez.

En el centro de la plaza, la generosa y fresca sombra del "sabino sembrado por el general Lázaro Cárdenas del Río en el año de 1937" recuerda a los lugareños la primera visita que hiciera un presidente mexicano al pueblo de Guelatao. A un lado del frondoso árbol, y a unos cuantos pasos de un austero monumento —que según los lugareños señala el sitio exacto donde estuviera la casa de Juárez—, se levanta un pequeño recinto del Instituto Nacional de Antropología e Historia que alberga el templo cívico de San Benito.

La réplica a escala de su célebre carruaje negro —representación de la patria peregrina que salvaguarda la legalidad— recibe a los visitantes en el interior. La gente se detiene, observa, lee y por supuesto se llena de patriotismo. El bastón para uso personal, sus calificaciones en el seminario de Oaxaca, litografías del siglo XIX, alguna carta con la firma de su puño y letra, y hasta la mascarilla mortuoria, dan forma al distorsionado imaginario colectivo sobre el personaje.

Pueblo de un solo ícono, cada espacio cuenta una historia, declama alguna patriótica frase o evoca los honores rendidos por el sistema político mexicano a la vida y obra de don Benito. En la calle principal llamada Juárez —¿de qué otro modo podía llamarse?— el ayuntamiento rinde homenaje a uno de sus hijos: "En esta casa vivió y murió el maestro Faustino Méndez López, músico y compositor autor del himno a Juárez". Como en el resto del país, la historia oficial arraigó en la conciencia de los habitantes de aquel santuario elevando al hombre de la Reforma al pedestal más alto del altar de la patria.

Guelatao nació con Juárez. Su destino pudo ser el de muchos otros pueblos que se perdieron entre la pobreza y la marginación de las administraciones corruptas. "En un pueblo corto, como el mío —escribió don Benito en *Apuntes para mis hijos*—, que apenas contaba con veinte familias y en una época en que tan poco o nada se cuidaba de la educación de la juventud, no había escuela; ni siquiera se hablaba la lengua española." Y sin embargo su futuro tomaría otros derroteros. Cuando el niño Benito dejó atrás su pueblo natal en diciembre de 1818 San Pablo pasó a la historia. Hoy tiene presupuesto.

Pero si Juárez dejó sus famosos *Apuntes para mis hijos* donde habla con claridad de las difíciles circunstancias que padeció siendo niño y las razones que lo llevaron a dejar atrás su pueblo, ¿por qué el sistema político se empecinó en inventar historias? Juárez jamás tocó la flauta de carrizo sentado en una piedra junto a la laguna del Encanto; tampoco huyó de Guelatao por temor a que su tío le pegara por haber perdido un borrego. Se fue del pueblo porque a los 12 años se percató de que no había futuro en ese lugar, aunque eso nunca lo señaló la horripilante monografía que comprábamos en la papelería cada vez que se acercaba el 21 de marzo.

HIJO DEL PUEBLO

La biografía del oaxaqueño debe ser despojada del halo de santidad que la rodea. Su vida es tan intensa que el bronce incomoda porque sobra. No necesita de invenciones o interpretaciones a modo. Juárez salió de su pueblo a los 12 años, a pie cruzó la sierra para llegar a la vieja Antequera, aprendió a leer y escribir, entró al seminario y lo dejó para estudiar leyes y recibirse como abogado.

Una ascendente carrera política, y el apoyo de una brillante generación de hombres, lo colocaron en la presidencia de la República; en 10 años de guerra derrotó a los conservadores, a los franceses y a un imperio. Por si fuera poco, sentó las bases del Estado-nación mexicano a través del establecimiento del liberalismo. Por su origen zapoteco y por la terrible condición de pobreza que padecía en su pueblo al nacer —con un futuro sombrío—, su historia parecería, sin más, una epopeya.

El recinto de Guelatao así lo muestra. Pero su solemnidad impide ver con claridad al personaje. Las paredes adornadas con emotivas descripciones del indio que llegó a ser presidente nublan el juicio de los visitantes. Lo colocan súbitamente en el altar cívico. Como lo hizo la historia oficial cuando en sus libros de texto dedicaba páginas enteras a la Reforma, narraba la escena de "los valientes no asesinan", gozaba con la derrota de la "terrible reacción" o se ufanaba con el recuerdo de la princesa de Salm-Salm, que de rodillas imploraba el perdón para Maximiliano, al tiempo que un Juárez inconmovible respondía: "No soy yo quien le quita la vida, es la Patria".

Si existe una epopeya juarista no se refleja en su lucha contra la adversidad —muchos otros hombres de la generación liberal también pasaron "las de Caín" antes de llegar al escenario nacional—. Dentro de la lógica de su credo político —el liberalismo— su gran triunfo fue concebirse como un ciudadano, igual a sus contemporáneos, sin importar su origen racial. No cargaba con el estigma del indio sometido, no era autocomplaciente con sus raíces ancestrales. Reconocía que la pobreza, la explotación, la sumisión —ciertamente lacerantes— no eran privativas de sus antepasados, representaban problemas que asolaban a toda la República.

Su ascenso a la presidencia en enero de 1858 no significó una reivindicación indígena. Frente al golpe de Estado de los conservadores, Juárez buscó restaurar el orden constitucional y reivindicar a la nación defendiendo el principio básico del liberalismo político contenido en la carta magna de 1857: igualdad ante la ley.

"A través de la Constitución y la Reforma —escribió Justo Sierra en su obra *Evolución política del pueblo mexicano*— veía la redención de la república indígena; emanciparla del clérigo, de la servidumbre rural, de la ignorancia, del retraimiento, del silencio, ése fue su recóndito y religioso anhelo; por eso fue liberal, por eso fue reformista."

La redención de los indios significaba integración. No es un azar que en la mayoría de sus discursos las menciones al mundo indígena sean casi nulas. Los integraba en la palabra *nación* y buscaba hacerlo en los hechos. La Constitución de 1857 y las Leyes de Reforma (1859) tenían esa intención.

Y a pesar de que la ley de nacionalización de bienes de "manos muertas" afectó terriblemente la propiedad comunal de los pueblos indígenas —de ahí el apoyo de los indios a Maximiliano—, el problema no era el espíritu de la ley —convertir a los indios en propietarios, dueños de un pedazo de tierra, educados sin las ataduras del colonialismo mental y ciudadanos de la República—, sino su instrumentación apresurada —los liberales necesitaban recursos para la guerra—, que puso las tierras en manos de prestanombres y ricos propietarios, sentando así las bases del futuro latifundismo porfiriano.

En una de las paredes del recinto juarista en la plaza de Guelatao el visitante lee un fragmento del discurso de Benito Juárez, gobernador del estado de Oaxaca en 1849. Habían transcurrido 30 años desde aquel día de diciembre en que decidió cruzar la sierra: "Hijo del pueblo, yo no lo olvidaré, por el contrario, sostendré sus derechos, cuidaré de que se ilustre, se engrandezca y se críe un porvenir, y que abandone la carrera del desorden, de los vicios y de la miseria, a que lo han conducido los hombres que sólo con sus palabras se dicen sus amigos y sus libertadores, pero que con sus hechos son sus más crueles tiranos".

Hablaba el ciudadano que alguna vez fue indio.

LA REFORMA (1858-1861)

EL ASCENSO

Uno de los mayores aciertos de Juárez fue haber logrado conjuntar a los mejores hombres del momento: Melchor Ocampo, Sebastián Lerdo de Tejada, Guillermo Prieto, Miguel Lerdo de Tejada, José María Iglesias, Matías Romero, Manuel Ruiz, todos ellos se sumaron al proyecto liberal por convicción y fueron quienes aconsejaron, asesoraron y apoyaron las decisiones que tomó Juárez en distintos momentos. Sin su presencia, la fundación del Estado laico, la separación del Estado y la Iglesia hubiera sido impensable porque cuando Juárez llegó a dudar, ahí estuvieron sus ministros y amigos para no dejarlo claudicar.

Ninguno de estos personajes odiaba a la Iglesia, ni querían destruirla; todos eran católicos y la mayoría practicantes, creían en el dogma y en los preceptos religiosos en los que estaba sustentada la institución, pero consideraban que la Iglesia se había pasado de lanza, había traicionado su vocación de salvar almas a cambio de acumular poder político y económico, intervenía en todos los actos de la vida pública y regulaba la vida de la gente desde la cuna hasta la tumba sin que nadie le dijera nada. Era necesario ponerla en su lugar.

El derrocamiento de Antonio López de Santa Anna en 1855 marcó la hora de los liberales. El presidente Ignacio Comonfort invitó a Juárez a su gabinete y empezó la cruzada. El gobierno lanzó las leyes que serían el pie de cría para fundar el Estado laico.

La ley Juárez (23 de noviembre de 1855) estableció el principio básico de igualdad ante la ley, con lo cual acabó con los fueros y privilegios de la Iglesia y el ejército; la ley Lerdo (su autor fue Miguel Lerdo de Tejada) tenía como fin poner en circulación las propiedades de la Iglesia para activar la economía y crear una clase media propietaria. No significaba expropiación, pues la Iglesia recibiría un pago por sus propiedades, se convertiría en una especie de banco hipotecario, y sólo se quedaría con los bienes destinados a las funciones propias de la Iglesia. La ley Iglesias —llamada así porque su autor fue José María Iglesias— prohibió al clero cobrarles a los pobres derechos parroquiales por bautismos, amonestaciones, casamientos y entierros.

Como era de esperarse, las tres leyes fueron rechazadas por el clero y varios grupos se levantaron en armas. El gobierno logró sofocarlos, pero con la promulgación de la Constitución, el 5 de febrero de 1857, los ánimos se encendieron de nuevo. La carta magna era bastante moderada, pero la Iglesia no estaba dispuesta a ceder nada y de inmediato amenazó con excomulgar a quien la jurara.

Los conservadores decidieron desconocer la Constitución y aprovecharon el carácter dubitativo de Comonfort para convencerlo de que derogara la Constitución, le ofrecieron respaldarlo para que siguiera gobernando y que convocara a un nuevo Congreso Constituyente.

Comonfort cayó redondito y el 17 de diciembre de 1857 desconoció la Constitución, pero los conservadores lo traicionaron y ocuparon el poder. Antes de salir al exilio, el expresidente liberó al presidente de la Suprema Corte de Justicia de la Nación, que estaba detenido en el Palacio Nacional, su nombre era Benito Juárez, y de acuerdo con la Constitución, ante la ausencia del presidente constitucional, o sea de Comonfort, le correspondía asumir el poder. Había comenzado la Guerra de Reforma.

EL PARTEAGUAS

En enero de 1858 Juárez asumió el poder por vez primera gracias al autogolpe de Estado de Comonfort; llegó a la presidencia en medio del caos y llegó a gobernar un país dividido por la guerra y los proyectos de nación que se enfrentaban entre sí: el liberal y el conservador. No volvió a dejar la silla presidencial sino hasta 1872, cuando la muerte le impidió seguir gobernando.

Con el poder en sus manos, Juárez se movilizó rápidamente, abandonó la Ciudad de México y buscó el apoyo de los estados que seguían reconociendo la Constitución de 1857. Entre enero y abril de 1858 marchó a Guanajuato, luego a Guadalajara y finalmente a Manzanillo, donde se embarcó para tratar de llegar a Veracruz. Don Benito sabía que necesitaba permiso del Congreso para salir del país, pero como no había Congreso por la guerra, por su real gana —facultades extraordinarias, les llaman— abandonó el país y llegó a Veracruz el 4 de mayo para instalar ahí su gobierno.

De los tres años que duró la Guerra de Reforma, los conservadores les hicieron ver su suerte a los liberales en los primeros dos; barrieron la República con el ejército liberal. Como no había modo de doblegar al ejército conservador, a mediados de 1859 el presidente Juárez tomó una decisión definitiva, era necesario dar un golpe, si no militar, sí político lo suficientemente duro como para cimbrar a todo el país, así que, desde Veracruz, Juárez lanzó las Leyes de Reforma, que significaron el establecimiento del Estado laico.

Estas leyes ya no tenían que ver con los fueros y privilegios, ni con las garantías individuales ni con la igualdad ante la ley, todos esos temas ya estaban incorporados en la Constitución de 1857; las Leyes de Reforma tenían como fin último arrebatarle el poder político a la Iglesia.

La justificación de Juárez no podía ser más clara: el clero promovía y sostenía la guerra; quería permanecer al margen de la autoridad civil; prefirió rechazar su propio beneficio a aceptar la ley de desamortización, con la cual hubiera mejorado sus rentas. Prefería dejarse destruir a sujetarse a otras leyes que no fueran las suyas. El clero era una rémora constante para establecer la paz pública y estaba en abierta rebelión contra el gobierno. El clero dilapidaba los recursos que le entregaban los fieles en forma de limosnas, derechos parroquiales, donaciones, "invirtiendo en la destrucción general, sosteniendo y ensangrentando cada día más la lucha fratricida que promovió en desconocimiento de la autoridad legítima y negando que la república pueda constituirse como mejor crea que a ella convenga".

Se sabe que Juárez llegó a dudar de darle ese golpe al clero mexicano, pero Melchor Ocampo terminó por convencerlo. A través de las Leyes de Reforma el gobierno liberal nacionalizó los bienes del clero, estableció la libertad de cultos, creó el registro civil, el matrimonio civil y asumió todas las funciones que antes tenía la Iglesia y al clero lo mandó a sus templos a salvar almas.

Con las Leyes de Reforma quedó establecido que México sería un Estado laico en el que no tendría injerencia ninguna institución religiosa, ni habría religión oficial, ni su gobierno participaría en ningún acto público de culto, ni su política estaría determinada por las creencias religiosas. Habían concluido más de 300 años en los que la Iglesia y el gobierno fueron casi uno mismo.

CUANDO LA SUERTE TE SONRÍE

Si Juárez se anotó un punto a favor con las Leyes de Reforma, recibió uno en contra con el tratado McLane-Ocampo. Ese tratado con Estados Unidos es, para muchos, una de las manchas más oscuras de su biografía política. Los detractores de Juárez de antes y de ahora, no sin exagerar, lo acusan de traición y de vendepatrias, como si el malévolo de Juárez se hubiera frotado las manos imaginando los millones de dólares que recibiría por firmar el tratado, para luego ir a invertirlos en algún paraíso fiscal y asegurar su retiro.

Ni tanto que queme al santo ni tanto que no lo alumbre. La firma del tratado McLane-Ocampo sí fue un error de Juárez que al final no tuvo consecuencias porque dicen que Dios era juarista y porque el tratado no fue ratificado por el Congreso estadounidense.

En diciembre de 1859 la Guerra de Reforma se encontraba en punto muerto y tanto liberales como conservadores estaban desesperados. Juárez sabía lo importante que sería para la causa liberal contar con el reconocimiento del gobierno de Estados Unidos y aceptó recibir a su representante.

Los conservadores ya habían rechazado la propuesta de tratado que les presentó Robert McLane. Para nadie era un secreto que desde hacía tiempo la Casa Blanca le tenía echado el ojo al istmo de Tehuantepec y algo tenían pactado con México desde 1853, pero querían más.

McLane negoció con Melchor Ocampo. De acuerdo con el tratado, el gobierno mexicano se comprometía a conceder a perpetuidad el libre tránsito de ciudadanos y mercancías por tres vías de paso en territorio nacional, las cuales estarían, en los hechos, bajo control y administración de Estados Unidos. La primera, de Matamoros a Mazatlán; la segunda, de Nogales a Guaymas, y la tercera y más importante, pues representaba un sueño comercial para Estados Unidos, era a través del istmo de Tehuantepec.

El asunto del tránsito por el istmo estaba establecido desde 1853, en el tratado que el gobierno de Santa Anna había firmado cuando vendió La Mesilla a Estados Unidos; sin embargo, la gravosa novedad en el tratado McLane-Ocampo fue que se otorgaba para siempre el derecho de tránsito a favor de Estados

Unidos, pero además se estipuló que el gobierno estadounidense podía enviar tropas a México para garantizar la seguridad y protección de las personas y bienes que transitaran por alguna de las rutas establecidas.

El tratado fue firmado el 14 de diciembre de 1859 por Melchor Ocampo y Robert McLane, y como en México no había Congreso por la guerra, Juárez lo ratificó en uso de sus facultades extraordinarias y recurrió a la ayuda estadounidense en febrero de 1860 cuando los conservadores intentaron atacar Veracruz por mar con dos naves, a las que Estados Unidos interceptó y capturó. Eso marcó la debacle conservadora.

Sin querer queriendo, Juárez se salió con la suya. Estados Unidos le ayudó a su gobierno sin que éste entregara nada a cambio, ni la soberanía, ni la dignidad ni nada. Las propias circunstancias estadounidenses habían ayudado a don Benito, el Congreso de Estados Unidos rechazó el tratado.

Algunos idólatras de Juárez sostienen que todo había sido fríamente calculado por don Benito; que analizó meticulosamente la situación interna de Estados Unidos y que pudo anticipar el resultado, por eso aceptó el McLane-Ocampo sin temor alguno. Pudo ser una catástrofe para el país, pero lo cierto es que los vientos de la política soplaron a su favor, la suerte estuvo de su parte, derrotó a los conservadores y entonces finalmente Juárez respiró con alivio.

ERROR DE CÁLCULO

El gobierno liberal se levantó con la victoria en la Guerra de Reforma y Juárez entró triunfante a la Ciudad de México en enero de 1861, pero se había ganado la rifa del tigre. Llegó a gobernar con las apuestas en contra.

La victoria estaba sostenida con alfileres, las arcas estaban vacías, la hacienda pública en bancarrota y los liberales estaban divididos. Varios miembros de su partido le recriminaron haber aceptado el tratado McLane-Ocampo y no lo querían en la presidencia. Casi de manera milagrosa, en una votación muy reñida, con 61 votos a favor y 55 en contra, Juárez fue electo presidente constitucional para el periodo 1861-1865.

Por si fuera poco, los conservadores no estaban tan derrotados como se pensaba y los restos de su ejército se transformaron en guerrillas que asolaron al país y de paso asesinaron a tres de los hombres más cercanos e importantes del presidente: Melchor Ocampo, Santos Degollado y Leandro Valle.

A pesar de que el gobierno había intervenido las propiedades e ingresos de la Iglesia por los daños y perjuicios provocados por la guerra, a mediados de año la situación económica era insostenible. El gobierno estaba quebrado, si no tenía para pagar los sueldos de los funcionarios públicos, menos para combatir las guerrillas enemigas.

En los primeros días de julio de 1861 el presidente Juárez sostuvo varias reuniones con su gabinete, y tras varias reflexiones, tomó otra decisión desesperada de funestas consecuencias para el país. Partiendo del incontrovertible hecho de que el gobierno mexicano necesitaba tiempo para generar recursos y reactivar la economía, decidió suspender el pago de la deuda externa por dos años.

Juárez nunca fue un defensor de la soberanía y del nacionalismo a ultranza como se le ha querido presentar, sobre todo en el discurso político del siglo xx. No veía con malos ojos el modelo económico y político estadounidense y tampoco solía envolverse en la bandera nacional. La suspensión del pago de la deuda obedecía a razones prácticas: el gobierno mexicano no tenía lana, así de sencillo. Desde luego el Benemérito no midió las consecuencias, o no pensó que con su decisión liberaría a los demonios, ni siquiera imaginó que recibiría una respuesta fulminante por parte de las naciones acreedoras.

Con el decreto de Juárez, Inglaterra, España y Francia dieron un manotazo en la mesa del escenario internacional, como si su existencia dependiera de que el gobierno mexicano les pagara, así que decidieron unirse y hacer un frente común. El 31 de octubre de 1861 firmaron la Convención de Londres, a través de la cual formaron una alianza para enviar tropas a México y obligar al gobierno a pagar. Pero como no querían molestar al gigante estadounidense —no fuera a aplicarles la de "América para los americanos"—, los países europeos invitaron a Estados Unidos a que se sumara a la reclamación conjunta, pero el vecino del norte rechazó el ofrecimiento, estaba más ocupado intentando que no se desmembrara la unión americana en plena guerra de secesión.

La Convención de Londres estipulaba que ninguna de las tres naciones buscaría adquirir territorio, ni ventajas, y que no ejercería ninguna influencia en los asuntos interiores de México que pudiera "afectar el derecho de la nación mexicana, de elegir y constituir libremente la forma de su gobierno", o sea, respetarían la forma de gobierno republicana y federal que había elegido México. Aun así, con todo y lo respetuoso de las instituciones mexicanas que pretendían ser las naciones europeas, era un exceso utilizar la fuerza armada para obligar a pagar al gobierno de Juárez.

Al ver la reacción de las naciones europeas, Juárez se percató de que había regado el tepache y no obstante que fue capaz de reconocer que se había equivocado y derogó el decreto de la suspensión del pago de la deuda el 26 de noviembre de 1861, ya era muy tarde. Para enero de 1862 las escuadras de Francia, España e Inglaterra ya habían echado anclas frente al puerto de Veracruz.

LA INTERVENCIÓN Y EL IMPERIO
(1862-1867)

EL CARRUAJE

No es posible responsabilizar a Juárez por la intervención francesa y el posterior establecimiento del imperio. El decreto de la suspensión del pago de la deuda sólo fue un elemento más en el cúmulo de circunstancias que permitieron que la Francia de Napoleón III y el pusilánime archiduque austriaco metieran sus narices en México, y en esas circunstancias los conservadores mexicanos fueron los principales responsables: durante años intrigaron en las cortes europeas con el fin de que algún país se interesara en apoyar el establecimiento de una monarquía en México, hasta que lo consiguieron.

La alianza tripartita llegó a tierras mexicanas; Inglaterra, España y Francia entraron en negociaciones con el gobierno republicano bajo el principio de que no tenían ningún tipo de interés sobre el territorio nacional ni en modificar la forma de gobierno, y terminaron por reconocer al gobierno de Juárez que, a su vez, se comprometió a pagar sus deudas.

Sin embargo, Francia rompió la alianza, desconoció los acuerdos y se preparó para iniciar la invasión apoyada por los conservadores. Como venían muy sobraditos, de manera inesperada el ejército mexicano los derrotó en Puebla el 5 de mayo de 1862, pero al gobierno mexicano ya no le alcanzó el dinero para abastecer al ejército y fue imposible aniquilar a los franceses que, luego de lamerse las heridas, recibieron refuerzos y al año siguiente, en mayo de 1863, le pusieron sitio a la ciudad de Puebla y finalmente la ocuparon luego de 62 días de asedio.

Si Puebla había caído en manos de los franceses la siguiente parada sería la Ciudad de México. La ocupación de la capital del país era inminente. Así que el 29 de mayo de 1863 el presidente Juárez anunció que su gobierno dejaría la capital y que los poderes de la Federación se trasladarían a la ciudad de San Luis Potosí. El 31 de mayo, ante el Congreso de la Unión, Juárez expresó: "El gobierno sostendrá la voluntad del pueblo mexicano manteniendo a todo trance incólume su autonomía y sus instituciones democráticas".

> Juárez no había sido arrojado por la población de la capital —escribió el conde Emile de Keratry—. El jefe del Estado cedía la plaza a la fuerza, pero sin compromiso. En su retirada llevaba consigo el poder republicano; pero no lo dejaba caer de sus manos. Estaba encorvado, pero no abdicaba: tenía la obstinación del derecho. Ése fue, durante cuatro años, el secreto de la fuerza o inercia o de la resistencia del viejo indio, al retirarse de pueblo en pueblo, sin hallar jamás a su paso un traidor y un asesino.

Comenzó entonces el periodo en el que Benito Juárez se convirtió en un símbolo. En símbolo de la república, en símbolo de la resistencia, en símbolo de la independencia. Si la Guerra de Reforma parecía ser el mayor obstáculo que había enfrentado, la intervención y el imperio le demostraron a Juárez y a sus hombres que las cosas podían ponerse peor. Pero, simple y llanamente, ni franceses, ni austriacos, ni belgas, ni conservadores mexicanos pudieron doblegar a Juárez.

El presidente convirtió a la Constitución de 1857 en su bandera política y a la República en su sostén. Ambos representaban la lucha y la resistencia contra el imperialismo francés, contra la usurpación de Maximiliano, contra los conservadores que habían traicionado al país. Juárez cargó

—literalmente lo hizo— con la legalidad a cuestas y la llevó en un modesto carruaje hasta lo más recóndito del territorio nacional, acompañado de sus ministros Guillermo Prieto, Sebastián Lerdo de Tejada, José María Iglesias y una pequeña escolta. Juntos marcharon hasta el norte del país, huyendo del acoso de los franceses, con una sola certeza: no claudicarían.

Al tiempo que el gobierno comenzaba su peregrinar, muchos hombres tomaron las armas y continuaron la lucha iniciada desde el 5 de mayo de 1862: Porfirio Díaz, Mariano Escobedo, Ramón Corona, Nicolás Romero, José María Arteaga y Carlos Salazar. Estaban dispuestos a sucumbir por la causa de la república y a luchar por lo que el propio Juárez llamó la segunda independencia de México.

Desde junio de 1863 hasta finales de 1865 a la República le fue como en feria. El gobierno de Juárez marchó hacia el norte acosado por los invasores. Durante dos años las fuerzas franco-mexicanas avanzaron con facilidad por el territorio nacional, apoderándose de las principales ciudades del país: Querétaro, Puebla, Morelia, Guadalajara, Zacatecas, Tampico, Veracruz, Oaxaca, entre otras. La República resistió con lo que quedaba del ejército luego de varios reveses, y con grupos guerrilleros que hostilizaban permanentemente a las tropas enemigas pero sin dar ningún golpe militar que cambiara el curso de la guerra.

A principios de 1864 el gobierno republicano se estableció en Saltillo. Debido a la situación, el Congreso se disolvió, pero antes le otorgó facultades extraordinarias al presidente Juárez. Una nueva ofensiva francesa llevó a la república a establecerse en Monterrey —donde, en mayo, Juárez recibió la desconsoladora noticia de que la Ciudad de México se había entregado a Maximiliano y Carlota—; en el mes de agosto el presidente dejó la capital de Nuevo León y continuó hacia el norte. En octubre se estableció en Chihuahua.

El 1º de enero de 1865 Juárez lanzó un manifiesto a la nación con ciertos aires optimistas, estableciendo "que no sucumbiría la causa de México que es la causa del derecho y de la justicia, porque existen aún patriotas esforzados que continúan sosteniéndola, no obstante los reveses que han sufrido". Y llamó a todos los mexicanos "que tienen la desgracia de vivir bajo el dominio de la usurpación a que no se resignen a soportar el yugo del oprobio que pesa sobre ellos, ya que el gobierno republicano seguirá consagrando sus desvelos a la defensa de la patria y mantendrá alta y sin humillación, con el auxilio de los buenos, la hermosa bandera de la independencia, la libertad y del progreso".

El año de 1865 fue aún peor para las fuerzas republicanas que no veían su suerte. Ese año fusilaron al guerrillero Nicolás Romero, Porfirio Díaz cayó prisionero en Oaxaca y a los generales José María Arteaga y Carlos Salazar los fusilaron en Uruapan, bajo la draconiana ley que expidió Maximiliano el 3 de octubre, por la cual condenaba a muerte sin juicio previo a toda persona que apoyara moral o materialmente a la República o tomara las armas para defenderla.

En agosto de 1865 el gobierno de Juárez se vio obligado a dejar Chihuahua y refugiarse en el último lugar en que podía hacerlo: Paso del Norte —hoy Ciudad Juárez—. Si los franceses seguían avanzando, el presidente no tendría más remedio que abandonar el país, pero a diferencia de lo que había hecho en la Guerra de Reforma, en esta ocasión no estaba dispuesto a dejar el territorio nacional.

A pesar de las derrotas, de la falta de pertrechos militares, de la escasez de recursos, el ejército y las guerrillas republicanas no claudicaron en ningún momento. Resistieron una y otra vez los embates de las tropas imperiales, aguantaron como pudieron, su obstinación y su tenacidad fue mayor que la preparación del primer ejército del mundo y sus aliados austriacos y belgas.

Napoleón III nunca esperó que la resistencia encabezada por Juárez se prolongara tanto tiempo; tarde se dio cuenta de que había sido víctima de un engaño; se creyó el cuento que los conservadores le susurraron al oído de que con poner un pie en México el pueblo se volcaría para recibir y vitorear a sus libertadores franceses y a los nuevos emperadores.

Mantener un ejército de ocupación en América fue demasiado costoso para la hacienda pública francesa, así que en 1866 Napoleón III decidió retirar sus tropas de México y dejar a su suerte a Maximiliano. Ese año comenzó la contraofensiva republicana que culminó en Querétaro con la caída del imperio el 15 de mayo de 1867.

En la vieja ciudad colonial, el archiduque Maximiliano y sus generales Miguel Miramón y Tomás Mejía fueron sometidos a juicio y sentenciados a muerte. La mañana del 19 de junio de 1867 Maximiliano, Miramón y Mejía fueron fusilados en el Cerro de las Campanas. La república había triunfado.

UN PRINCIPIO Y UN HOMBRE

El 20 de junio de 1867 Victor Hugo le escribió a Benito Juárez una extensa carta reconociendo el triunfo de la República sobre el imperio y la tenaz resistencia que encabezó hasta los confines de la República. La carta muestra con claridad que hacia 1867 Juárez había alcanzado una dimensión internacional y había dejado de ser un personaje meramente histórico para convertirse en un símbolo.

Aquí se muestra un Juárez despojado de los discursos demagógicos, de la retórica triunfalista, de la historia oficial y del bronce con que sería revestido durante el siglo xx. Era 1867 y la República aún olía a pólvora.

Juárez: Usted ha igualado a John Brown. La América actual tiene dos héroes, John Brown y usted. John Brown por quien la esclavitud ha muerto; usted, por quien la libertad vive. México se ha salvado por un principio y por un hombre. El principio es la República, el hombre es usted.

Por lo demás, la suerte de todos los atentados monárquicos es terminar abortando. Toda usurpación empieza por Puebla y termina por Querétaro. En 1863 Europa se abalanzó contra América. Dos monarquías atacaron su democracia; una con un príncipe, otra con un ejército; el ejército llevó al príncipe.

Entonces el mundo vio este espectáculo: por un lado, un ejército, el más aguerrido de Europa, teniendo como apoyo una flota tan poderosa en el mar como lo es él en tierra, teniendo como recursos todas el dinero de Francia, con un reclutamiento siempre renovado, un ejército bien dirigido, victorioso en África, en Crimea, en Italia, en China, valientemente fanático de su bandera, dueño de una gran cantidad de caballos, artillería y municiones formidables. Del otro lado, Juárez.

Por un lado, dos imperios; por otro, un hombre. Un hombre con otro puñado de hombres. Un hombre perseguido de ciudad en ciudad, de pueblo en pueblo, de bosque en bosque, en la mira de los infames fusiles de los consejos de guerra, acosado, errante, refundido en las cavernas como una bestia salvaje, aislado en el desierto, por cuya cabeza se paga una recompensa. Teniendo por generales algunos desesperados, por soldados algunos harapientos. Sin dinero, sin pan, sin pólvora, sin cañones. Los arbustos por ciudadelas.

Aquí la usurpación, llamada legitimidad, allá el derecho, llamado bandido. La usurpación, casco bien puesto y espada en mano, aplaudida por los obispos, empujando ante sí y arrastrando detrás de sí todas las legiones de la fuerza. El derecho, solo y desnudo. Usted, el derecho, aceptó el combate. La batalla de uno contra todos duró cinco años.

A falta de hombres, usted usó como proyectiles las cosas. El clima, terrible, vino en su ayuda; tuvo usted por ayudante al sol.

Tuvo por defensores los lagos infranqueables, los torrentes llenos de caimanes, los pantanos, llenos de fiebre, las malezas mórbidas, el vómito prieto de las tierras calientes, las soledades de sal, las vastas arenas sin agua y sin hierba donde los caballos mueren de sed y de hambre, la gran planicie severa de Anáhuac que se cuida con su desnudez, como Castilla, las planicies con abismos, siempre trémulas por el temblor de los volcanes, desde el de Colima hasta el Nevado de Toluca; usted pidió ayuda a sus barreras naturales, la aspereza de las cordilleras, los altos diques basálticos, las colosales rocas de pórfido. Usted llevó a cabo una guerra de gigantes, combatiendo a golpes de montaña.

Y un día, después de cinco años de humo, de polvo y de ceguera, la nube se disipó y vimos a los dos imperios caer, no más monarquía, no más ejército, nada sino la enormidad de la usurpación en ruinas, y sobre estos escombros, un hombre de pie, Juárez, y, al lado de este hombre, la libertad.

UN GRITO EN EL DESIERTO

A lo largo de la lucha contra la intervención y el imperio hubo momentos clave que fueron construyendo la epopeya juarista. Uno de ellos fue la celebración de Independencia de 1864.

Las noticias recibidas por el gobierno republicano en septiembre de ese año eran desoladoras. Después de la fría recepción que el pueblo veracruzano había brindado a los emperadores, Puebla y México se entregaron a Maximiliano y Carlota por completo. La esperanza de la nación descansaba en los restos del ejército mexicano que, invadido por el desánimo, resistía en la forma de guerrillas. Se peleaba la segunda guerra de independencia.

El emperador decidió pasar las fiestas patrias en el pueblo de Dolores y, de hecho, la noche del 15 de septiembre salió al balcón de la que había sido la casa del cura Hidalgo y desde ahí lanzó una arenga. Era un hecho que quería sentirse mexicano.

Ese mismo día el carruaje negro que transportaba al presidente hizo alto en una inhóspita región de Durango, cerca de los límites con Chihuahua, llamada la Noria Pedriceña. Sus ocupantes, Juárez, Prieto, Iglesias y Lerdo de Tejada encontraron un paraje donde pasar la noche. Empezaba a soplar un viento frío sobre aquel desértico paisaje. Se encendieron fogatas y se habló poco.

Fue la propia adversidad la que propició una de las celebraciones patrióticas más emotivas del siglo XIX.

> Los aniversarios comunes de las fiestas de la independencia —escribió José María Iglesias— tienen necesariamente algo de rutina. A semejanza de lo que ocurrió en el humilde pueblo de Dolores la noche del 15 de septiembre de 1810, el 16 de septiembre último [1864] vio congregados unos cuantos patriotas, celebrando una fiesta de familia, enternecidos con el recuerdo de la heroica abnegación del padre de la independencia mexicana, y haciendo en lo íntimo de su conciencia el solemne juramento de no cejar en la presente lucha nacional, continuándola hasta vencer o sucumbir.

La noche había caído y sólo se escuchaba el crujir de la madera que se consumía entre las llamas de las fogatas. Reconocido por sus dotes oratorios y su excelente pluma, alguien sugirió que Guillermo Prieto elevara una oración para evocar la gloriosa jornada de 1810.

> La patria es sentirnos dueños de nuestro cielo y nuestros campos, de nuestras montañas y nuestros lagos, es nuestra asimilación con el aire y con los luceros, ya nuestros; es que la tierra nos duele como carne y que el sol nos alumbra como si trajera en sus rayos nuestros nombres y el de nuestros padres; decir patria es decir amor y sentir el beso de nuestros hijos [...]. Y esa madre sufre y nos llama para que la libertemos de la infamia y de los ultrajes de extranjeros y traidores.

Esa noche Juárez brindó por la República y por la independencia de México. Y desde el desierto, con el recuerdo de Hidalgo, de Allende, de Morelos, ese puñado de hombres se dispuso a luchar hasta alcanzar nuevamente la independencia de México.

MARGARITA

La vida de Juárez no se entiende sin la presencia de Margarita Maza. Más allá de los lugares comunes —"abnegada esposa", "fiel compañera", "confidente"—, lo cierto es que su esposa pasó también las de Caín durante los 10 años de guerras que sumieron al país en el más absoluto caos.

Margarita no tuvo que enfrentar persecuciones o el acoso de los ejércitos conservadores o franceses, pero afrontó el terrible dolor de perder a dos hijos en el exilio, lejos de su marido.

"Sí, ya sé que es muy feo, pero también es muy bueno", solía decir Margarita Maza cuando le preguntaban: "Pero ¿qué le viste a Benito, mujer?" Se casaron el 31 de julio de 1843, en el templo de San Felipe Neri de Oaxaca; por entonces Juárez alcanzaba los 37 años de edad y Margarita apenas 17.

Para Benito, Margarita no fue de ningún modo su primer amor. Anteriormente había compartido algunos momentos de su vida con Juana Rosa Chagoya —difunta hacia 1843—, con quien tuvo dos hijos: Tereso y Susana.

Ambos niños fueron reconocidos por Juárez e incluso Susana fue aceptada como media hermana de los hijos que nacieron del matrimonio Juárez-Maza. Margarita no tuvo empacho en velar por su bien, aunque nunca convivieron.

El amor de la joven era desinteresado. Le habían llamado la atención la seriedad y la tenacidad de Benito, su férrea voluntad. Para nadie era un secreto que el joven Juárez había servido de mozo en la casa de don Antonio Maza, años antes de convertirse en su yerno. Por entonces nadie podía vislumbrar la ascendente carrera que le aguardaba al oaxaqueño. Al contraer nupcias era juez de primera instancia del ramo civil de Oaxaca y un año después fue nombrado secretario del despacho del gobierno local.

Tuvieron 12 hijos, de los cuales vivieron siete, que estuvieron al cuidado completo de Margarita. Conforme la carrera política de Juárez fue en ascenso, adquirió conciencia de su papel junto a él: su tarea fue procurar sosiego en la intimidad familiar. Era una mujer que estaba hecha para acompañar al hombre del poder: discreta, reservada, reflexiva. Procuraba no molestar con los detalles de la vida cotidiana al hombre que le tocó la misión de pastorear a la nación mexicana en los momentos más difíciles del siglo XIX.

Si Juárez tuvo que llevar el gobierno republicano hasta los confines de la patria para salvaguardarlo, Margarita debió probar los sinsabores del destierro obligada por las circunstancias. Entre angustias y pesares, se hizo cargo de su familia, muchas veces sin tener noticias de lo que acontecía con su marido en México. La muerte la acompañó y durante el exilio padeció el fallecimiento de sus dos hijos más pequeños: José y Antonio. No tuvo los recursos necesarios para devolverles la salud.

Margarita sintió que le había fallado a Juárez: "Si Dios no remedia nuestra suerte, yo no resisto esta vida de amargura que tengo sin un momento de tranquilidad; todos son remordimientos [...]. Yo tengo la culpa de la muerte de nuestros hijos [...] yo no quisiera presentarme delante de ti sin ellos, porque me debes aborrecer y con razón, pero es tanto lo que sufro que soy digna de lástima". La respuesta de Juárez fue enérgica: "Déjate de tonterías y no estés calentándote la cabeza con falsas suposiciones. Diviértete y procura distraerte".

A pesar de que el país parecía desmoronarse frente al avance de los franceses, don Benito nunca dejó de pensar en

Margarita. Por sobre todas las cosas admiró su fortaleza espi-
ritual para enfrentar —con todo e hijos— aquel terrible exilio
en Nueva York durante los años de guerra (1858-1867). Fue
Margarita una mujer comprensiva de la que sólo recibió apoyo, incluso para ayudarlo con el moño de la corbata cuando se
desesperaba. "¡Ay, hijo, pero qué inútil eres!", le decía cariño-
samente a Juárez al tiempo que sus manos trabajaban sobre la
corbata para colocarla finalmente en su lugar.

No fue un amor de arrebatos, sino de lealtades —no obstante que Juárez tuvo un hijo en Chihuahua— y don Benito
siempre lo reconoció. Luego de un exilio de casi tres años se
volvieron a reunir en México en julio de 1867. Pero las angustias, la zozobra, los sobresaltos y las irreparables pérdidas de
los niños afectaron la salud de Margarita lo suficiente como
para llevarla a la tumba a la edad de 44 años. Juárez sufrió en
silencio la muerte de Margarita y la lloró en soledad, cuando
falleció en enero de 1871.

> Con su habitual serenidad —señala una crónica de El Federalista
> del 4 de enero de 1871—, [el señor Juárez] estaba positivamente
> conmovido, y no pudo impedir que asomaran las lágrimas a sus
> ojos cuando se acercó el momento de que la compañera de tan-
> tos años fuera conducida a la última morada. Fue, sin embargo,
> superior a su dolor. Se levantó del sofá donde estaba sentado y
> pasó a la recámara donde estaba tendida y estuvo entre los que
> cumplieron el último deber y depositaron en el ataúd el cuerpo
> frío e inanimado. Cuando el señor Juárez salió, vacilaba como un
> hombre que ha sido acometido de un vértigo y se sentó silencioso
> tratando de dominar las emociones.

Y cargó con su recuerdo hasta el 18 de julio de 1872, cuando
finalmente Juárez se entregó a los brazos de la muerte.

AUSTERIDAD REPUBLICANA

Benito Juárez salió del panteón de la patria de la mano del discurso del presidente López Obrador desde hace muchos años y lo hizo a través de un concepto que está presente en todo el discurso político actual: la austeridad republicana. Frente al despilfarro de gobiernos anteriores, austeridad republicana; frente a la corrupción, austeridad republicana, frente a cualquier cosa, austeridad republicana.

Pero austeridad y pobreza no son sinónimos aunque el nuevo gobierno lo quiera ver así, o al menos es lo que parece. Ni siquiera a Juárez se le ocurrió algo tan absurdo como señalar que de la austeridad republicana había que transitar a la pobreza franciscana, no obstante que si alguien supo lo que significaba la miseria familiar y gobernar un país en bancarrota fue el propio don Benito.

La austeridad fue su impronta exclusivamente en el ejercicio de gobierno; fue su bandera frente al dispendio, frente a la dilapidación de recursos públicos y ante los excesos en los que habían incurrido personajes como Antonio López de Santa Anna, particularmente durante su última presidencia entre 1853 y 1855, en la que hasta se atrevió a formar una corte y autodenominarse alteza serenísima.

La austeridad del gobierno republicano fue obligada. No había de otra para un país que vivió permanentemente en bancarrota. Cuando Juárez asumió la presidencia del país, en enero de 1858, apenas había recursos que fueron consumidos rápidamente durante la Guerra de Reforma; una vez triunfante, las arcas vacías obligaron a don Benito a suspender el pago de la deuda por dos años con sus terribles consecuencias para el país —la intervención y el imperio—; el gobierno de la República tuvo que informarle al general Zaragoza que no había lana para que continuara su campaña contra los franceses después de la victoria del 5 de mayo de 1862, por eso no pudo echarlos del país y regresaron al año siguiente.

Mientras Maximiliano enseñó el cobre y se sirvió con la cuchara grande asignándose un millón de pesos al año para sus chuchulucos, el sueldo del presidente era de 36 000 pesos anuales, que rara vez pudo cobrar don Benito; la falta de recursos para su familia propició que durante esos años los Juárez Maza perdieran a dos de sus hijos porque Margarita no tuvo dinero para curarlos.

Juárez comenzó su carrera en el servicio público en 1832 y se retiró con la muerte en 1872. Durante muchos años se las vio negras; fue perseguido político, marchó al exilio, volvió, lo persiguieron los conservadores, los franceses, los imperialistas y al final salió triunfante.

Entregó 40 años de su vida a la patria. Por eso pudo dejarles a sus hijos como herencia tres casas en la Ciudad de México, la de mayor valor estaba ubicada en la 2ª calle de San Francisco (hoy Madero) y costaba alrededor de 33 000 pesos, la de menor valor alcanzaba los 29 000 pesos y una más en la ciudad de Oaxaca con un valor de 922 pesos; también dejó acciones de minas y ferrocarril por un valor de 4 770 pesos. Eso sin incluir las tres propiedades que estaban a nombre de Margarita.

Nadie puede poner en duda la austeridad republicana y la honestidad de Juárez en el ejercicio del poder, pero don Benito siempre entendió —sin una pizca de vergüenza, no tenía por qué— que la movilidad social y el progreso material del individuo son elementos fundamentales para la felicidad del pueblo y no la pobreza, de la que Juárez no quiso volver a saber cuando decidió salir de Guelatao a sus 12 años de edad.

Y lo que siempre fue su convicción lo dejó por escrito en sus *Apuntes para mis hijos*: "A propósito de malas costumbres había otras que sólo servían para satisfacer la vanidad y la ostentación de los gobernantes. Las aboli porque tengo la persuasión de *que la respetabilidad del gobernante le viene de la ley y de un recto proceder* y no de trajes ni de aparatos militares propios sólo para los reyes de teatro".

¿GOLPE DE ESTADO EN PASO DEL NORTE?

El año 1865 fue muy difícil para la República, no sólo porque las fuerzas imperiales no daban tregua ni respiro al ejército republicano, sino porque, increíblemente, en plena guerra contra el imperio la sucesión presidencial se convirtió en un tema que cimbró al gobierno.

Juárez había sido electo para gobernar el país de 1861 a 1865. En el mes de noviembre debían llevarse a cabo elecciones presidenciales, ya fuera para reelegirse o para elegir un nuevo presidente. Claro, todo esto en condiciones normales, en un país en paz, estable y viable democráticamente, pero en 1865 México no era nada de eso. Imperaba el caos, la destrucción, la muerte y la consolidación del imperio no parecía una quimera. Aún así, la clase política sacó el cobre, mostró su mezquindad y estallaron las divisiones al interior del gobierno de Juárez.

Por entonces el presidente gobernaba con facultades extraordinarias que le había autorizado el Congreso antes de disolverse en 1863; pero su poder sólo era reconocido en los pocos estados que todavía estaban bajo control de la República. De acuerdo con la ley, al término de su periodo y ante la imposibilidad de realizar elecciones, Juárez debía entregar el poder al presidente de la Suprema Corte de Justicia de la Nación, que en aquel momento era Jesús González Ortega, el general que comandó la defensa de Puebla en 1863.

Si bien don Benito había hecho de la Constitución de 1857 su bandera y del respeto a la ley su causa, también era un hombre pragmático al igual que su mano derecha —y muchas veces el duro del gabinete—, Sebastián Lerdo de Tejada. Presidente y ministro llegaron a la conclusión de que la sucesión presidencial en esos momentos era absurda, tendría que esperar a mejores tiempos, por lo que era necesario prorrogar el periodo presidencial de Juárez hasta que triunfara la república. Si esto sucedía, entonces sí, el presidente convocaría a elecciones.

Sin pedir mayores opiniones, Sebastián Lerdo de Tejada redactó el decreto que firmó Juárez aprovechando que gozaba de facultades extraordinarias, y el 8 de noviembre de 1865 hizo saber a todos que se quedaba en la presidencia, que prorrogaba su mandato y háganle como quieran.

Varios jefes republicanos y algunos intelectuales que acompañaban a Juárez, como Guillermo Prieto, consideraron el decreto de Juárez como una violación flagrante a la Constitución de 1857 e incluso lo calificaron como un golpe de Estado. Si Juárez era defensor de la legalidad debía entregar el poder al presidente de la Suprema Corte de Justicia y punto.

Don Benito ignoró las críticas, las acusaciones y los reclamos, no había tiempo para legalismos y menos cuando México estaba inmerso en una guerra, así que con la ley o sin ella se quedó en el poder por decisión propia.

Y aunque Jesús González Ortega pataleó e hizo berrinche porque le correspondía la presidencia del país e incluso la reclamó, Juárez aprovechó que el presidente de la Suprema Corte se encontraba en Nueva York desde hacía varios meses para acusarlo de haber abandonado su responsabilidad en la corte, así como sus obligaciones como general del ejército mexicano.

Cabe mencionar que desde tiempo atrás Juárez y Lerdo habían pensado deshacerse de González Ortega, quien había mostrado su ambición desde 1861. Así que al estallar la guerra contra la intervención y el imperio, maquinaron un plan. El general González Ortega se encontraba en Nueva York cuando comenzó la discusión de la sucesión presidencial, pero en principio se encontraba ahí con la autorización del propio Juárez.

Cuando reclamó la presidencia, don Benito se la aplicó: sí, le había dado permiso de cruzar a Estados Unidos pero sólo en tránsito para que pudiera regresar al país por otro punto del territorio nacional y siguiera combatiendo a los invasores. El problema es que González Ortega llevaba varios meses en

Nueva York, y para Juárez ése fue el pretexto perfecto para acusarlo de abandonar sus responsabilidades.

Pero el rompimiento más doloroso de Juárez fue con Guillermo Prieto, su viejo amigo, el que lo había acompañado en la Guerra de Reforma, el que le salvó la vida en Guadalajara al ponerse frente a un grupo de soldados que pretendían dispararle y a quienes contuvo al grito de "los valientes no asesinan", el que lo acompañó en su carruaje negro desde que tuvieron que abandonar la Ciudad de México en junio de 1863.

Guillermo Prieto consideró una violación absoluta de la Constitución el decreto de Juárez para prorrogar su mandato y rompió con él de manera definitiva. No había nada que justificara quebrantar la ley, ni siquiera la guerra contra el imperio.

> Juárez ha sido mi ídolo por sus virtudes —le escribió Prieto a Francisco Zarco—, porque él era la exaltación de la ley, porque su fuerza era el derecho y nuestra gloria aun sucumbiendo, era sucumbir con la razón social que es la ley [...] me asusta contemplar a Juárez revolucionario, inerte, encogido, regateado, ocupándose de un chisme o elevando a rango de cuestiones de estado las ruindades de una venganza, ¿cuál es el derecho de este hombre? ¿Cuál es su fuerza? ¿Pues qué así por medio de una treta de tramoyista se subvierten los destinos de un país? ¿Es virtuoso romper la ley?

Para algunos, el llamado golpe de Estado de Paso del Norte es otra de las manchas de la biografía política de Juárez. Sin embargo, el tiempo le dio la razón a Juárez, hizo lo correcto a pesar de la ley.

JUSTICIA JUARISTA

Cuando la ley es utilizada como bandera política, como símbolo, es muy difícil regresarla a su estado original y respetar su naturaleza: la justicia. Aunque la historia oficial siempre presentó a Juárez como el ejemplo del respeto a la ley, es un hecho que don Benito la violó muchas veces, le dio distintas interpretaciones o simplemente la ignoró porque, a su juicio, así convenía a los intereses de la nación. Incluso en ocasiones se opuso a la aplicación de la justicia o criticó la forma en que los jueces la aplicaban. Tal es el caso del juicio contra Antonio López de Santa Anna.

Si Dios había sido juarista en la Guerra de Reforma los hados mostraron su clara filiación liberal con la derrota del segundo imperio. El Benemérito había sorteado ambos obstáculos sin un solo rasguño. Se cumplía poco más de un mes de la muerte de Maximiliano y la diosa fortuna se presentó ante don Benito para ofrecerle la seductora oportunidad de acabar con el último vestigio de la historia reciente de México.

El 30 de julio de 1867 el bergantín *Juárez* atracó en Veracruz con un prisionero que valía su peso en oro: Antonio López de Santa Anna, pero que en manos de don Benito no valdría ya ni un quinto. Al parecer sus días estaban contados. Como huésped distinguido del heroico puerto, "su alteza serenísima" fue llevado a la célebre prisión de San Juan de Ulúa, donde "los cerrojos de una fétida mazmorra guardaron mi persona", escribiría tiempo después.

Ni tardo ni perezoso, Juárez ordenó que don Antonio fuera juzgado por la ley del 25 de enero de 1862, misma que condujo al patíbulo a Maximiliano, Miramón y Mejía y la cual seguramente llevaría por el mismo sendero a Santa Anna. Don Benito, que si bien era un "idólatra de la ley", solía extenderla tanto en su interpretación que siempre se salía con la suya.

El viejo general —que conocía cómo se las gastaba Juárez con sus enemigos políticos— entregó una protesta fundada en la incorrecta aplicación de la ley "que no conozco —apuntó— pero sospecho que se intenta algo en mi daño".

El juicio se llevó poco más de dos meses y el 7 de octubre se dictó sentencia. A Juárez se le descompuso el rostro cuando le notificaron que los jueces habían impuesto a Santa Anna la pena de ocho años de destierro y no la muerte. Encolerizado, don Benito decidió desquitarse con los jueces y los envió a descansar, durante seis meses, a las húmedas tinajas de San Juan de Ulúa para que en ese lugar aprendieran cómo aplicar la ley.

CIUDADANO DEL MUNDO

No falta en el pueblo de San Pablo Guelatao el sitio público donde se lee: "El respeto al derecho ajeno es la paz". Cada letra de la frase más célebre de la historia mexicana se apoya en el muro que, dentro de la plaza, mira hacia el sabino, y ve de frente al monumento oficial, donde ya no queda rastro alguno de la casa de Juárez, pero que año tras año sirve de altar en los homenajes realizados por el gobierno y los miembros de la masonería.

Aunque la conocida máxima es original de Immanuel Kant —premisa fundamental en su obra *La paz perpetua* (1795)—, Juárez la inmortalizó casi un siglo después, en el emotivo discurso que leyó el 15 de julio de 1867, al regresar a la capital del país luego del fusilamiento de Maximiliano.

Mexicanos: El Gobierno nacional vuelve hoy a establecer su residencia en la ciudad de México, de la que salió hace cuatro años. Llevó entonces la resolución de no abandonar jamás el cumplimiento de sus deberes, tanto más sagrados, cuanto mayor era el conflicto de la nación. Fue con la segura confianza de que el pueblo mexicano lucharía sin cesar contra la inicua invasión extranjera, en defensa de sus derechos y de su libertad. Salió el Gobierno para seguir sosteniendo la bandera de la patria por todo el tiempo que fuera necesario, hasta obtener el triunfo de la causa santa de la independencia y de las instituciones de la República.

Lo han alcanzado los buenos hijos de México, combatiendo solos, sin auxilio de nadie, sin recursos, sin los elementos necesarios para la guerra. Han derramado su sangre con sublime patriotismo, arrostrando todos los sacrificios, antes que consentir en la pérdida de la República y de la libertad.

En nombre de la patria agradecida, tributo del más alto reconocimiento á los buenos mexicanos que la han defendido, y á sus dignos caudillos. El triunfo de la patria, que ha sido el objeto de sus nobles aspiraciones, será siempre su mayor título de gloria y el mejor premio de sus heroicos esfuerzos.

Lleno de confianza en ellos, procuró el Gobierno cumplir sus deberes, sin concebir jamás un solo pensamiento de que le fuera lícito menoscabar ninguno de los derechos de la nación. Ha cumplido el Gobierno el primero de sus deberes, no contrayendo ningún compromiso en el exterior ni en el interior, que pudiera perjudicar en nada la independencia y soberanía de la República, la integridad de su territorio ó el respeto debido á la Constitución y á las leyes. Sus enemigos pretendieron establecer otro gobierno y otras leyes, sin haber podido consumar su intento criminal. Despúes de cuatro años, vuelve el Gobierno á la ciudad de México, con la banda de la Constitución y con las mismas leyes, sin haber dejado de existir un solo instante dentro del territorio nacional.

No ha querido, ni ha debido antes el gobierno, y menos debiera en la hora del triunfo completo de la República, dejarse inspirar por ningún sentimiento de pasión contra los que lo han combatido. Su deber ha sido, y es, pesar las exigencias de la justicia con todas las consideraciones de la benignidad. La templanza de su conducta en todos los lugares donde ha residido, ha demostrado su deseo de moderar en lo posible el rigor de la justicia, conciliando la indulgencia con el estrecho deber de que se apliquen las leyes, en lo que sea indispensable para afianzar la paz y el porvenir de la nación.

Mexicanos: Encaminemos ahora todos nuestros esfuerzos á obtener y á consolidar los beneficios de la paz. Bajo sus auspicios, será eficaz la protección de las leyes y de las autoridades para los derechos de todos los habitantes de la República.

Que el pueblo y el gobierno respeten los derechos de todos. *Entre los individuos, como entre las naciones, el respeto al derecho ajeno es la paz.*

Confiemos en que todos los mexicanos, aleccionados por la prolongada y dolorosa experiencia de las calamidades de la guerra, cooperaremos en lo de adelante al bienestar y á la prosperidad de la nación, que sólo pueden conseguirse con un inviolable respeto á las leyes, y con la obediencia á las autoridades elegidas por el pueblo.

En nuestras libres instituciones, el pueblo mexicano es el árbitro de su suerte. Con el único fin de sostener la causa del pueblo durante la guerra, mientras no podía elegir sus mandatarios, he debido, conforme al espíritu de la Constitución, conservar el poder que me había conferido. Terminada ya la lucha, mi deber es convocar desde luego al pueblo, para que sin ninguna presión de la fuerza y sin ninguna influencia legítima, elija con absoluta libertad á quien quiera confiar sus destinos.

Mexicanos: Hemos alcanzado el mayor bien que podíamos desear, viendo consumada por segunda vez la independencia de nuestra patria. Cooperemos todos para poder legarla á nuestros hijos en camino de prosperidad, amando y sosteniendo siempre nuestra independencia y nuestra libertad. Benito Juárez.

"Entre los individuos, como entre las naciones, el respeto al derecho ajeno es la paz." Una breve frase —perdida entre párrafos intensos que hablaban de la guerra, de la patria y de la legalidad— trascendió el espíritu del documento por una razón: era una moraleja para los derrotados y el reconocimiento de un principio universal de convivencia entre las naciones.

El triunfo sobre la intervención y el imperio otorgó a Juárez una dimensión internacional que ni él mismo pudo concebir —y que ningún otro político mexicano ha logrado siquiera alcanzar—. Por fortuna, la historia oficial no fue responsable.

No era una invención más. Tenía su origen en el triunfo legítimo de las armas nacionales porque reivindicaba —en México y Europa— al sistema republicano por encima de la monarquía.

Intelectuales, escritores y políticos europeos y americanos se encargaron de difundir su nombre en la historia universal. Juan Prim le aseguraba "la admiración de la Europa liberal", Giuseppe Garibaldi lo había llamado "veterano de la libertad del mundo", el congreso de Colombia estableció que "ha merecido el bien de la América", el gobierno de República Dominicana lo proclamó "Benemérito de la América". Se dice incluso que tras conocer la vida de Juárez, la familia Mussolini bautizó a uno de sus hijos con el nombre de Benito.

En el Guelatao de don Benito no había escuelas. Hoy se levanta una que respira literalmente libertad. Sobre una pequeña colina desde donde se divisan la sierra y la legendaria laguna del Encanto, sin rejas que limiten el contacto de los niños con la naturaleza, la escuela de San Pablo es quizá —por encima de los mitos— la representación más genuina del juarismo original: "La instrucción pública es el fundamento de la felicidad social, el principio en que descansan la libertad y el engrandecimiento de los pueblos". Juárez cambió la tranquilidad de aquel apacible lugar por educación. Y traspasó las fronteras de su pueblo, de su estado y de su patria.

A miles de kilómetros de Guelatao, en Europa, cerca de Berna, Suiza, se levanta un enorme glaciar de 3 454 metros de altura conocido como el Jungfrau —"la joven mujer"—, considerado como la cima de Europa. La montaña, sin duda, representa la lucha permanente del hombre contra la adversidad: en una hazaña de ingeniería, desde hace un siglo tres vagones y una máquina suben hasta la punta, sitio donde los grados bajo cero rebasan la imaginación. Ahí, en la cumbre, dentro del llamado palacio de hielo, un monumento honra a "las mujeres y los hombres que lucharon incansablemente por la causa de la libertad del mundo". En medio de una extensa

lista, entre Giuseppe Mazzini y John Stuart Mill, como un ciudadano más y sin complejos, asoma el nombre de un mexicano
que comenzó su historia en Guelatao: Benito Juárez.

LA REPÚBLICA RESTAURADA
(1867-1872)

Si el Benemérito llegó a pensar que por haber pastoreado exitosamente a la República a través de la Guerra de Reforma, de la intervención y del imperio la prensa se le iba a entregar incondicionalmente en tiempos de paz, se equivocó.

Y no podía ser de otra forma. La mayoría de los periodistas liberales había sentido en carne propia el acoso, la persecución, las amenazas y la represión de los conservadores, de los franceses y de los imperialistas, y si bien comulgaban con las ideas republicanas —y festejaban su triunfo—, una vez que el país regresó a la normalidad advirtieron que Juárez le había tomado gusto al poder y que tenía una clara vena autoritaria que compartía con su ministro Lerdo de Tejada.

Aún se escuchaban los vítores por el triunfo de la República, cuando en agosto de 1867 el presidente Juárez lanzó la convocatoria para las elecciones y propuso la realización de un plebiscito para reformar la Constitución, lo cual era una flagrante violación a la misma porque la carta magna no contemplaba ese procedimiento para ser reformada.

El hombre que había defendido la ley suprema del país, que cargó la legalidad en hombros, que había convertido la Constitución en el símbolo de la resistencia durante la guerra, pretendía violarla flagrantemente en tiempos de paz.

Juárez aún no estampaba su firma en la convocatoria y las críticas de la prensa ya estaban a la orden del día. Severas, duras, bien argumentadas, irónicas e irreverentes, de todo tipo.

Periódicos como *El Padre Cobos*, *La Orquesta*, *El Ahuizote*, *El Monitor Republicano*, publicaron decenas de notas y caricaturas criticando y haciendo mofa del presidente.

El Benemérito fue comparado con Maquiavelo, lo dibujaron como si fuera Juan Diego pero en su tilma en vez de la guadalupana estaba la silla presidencial, como una sanguijuela, como rey venido a menos, como ídolo azteca, lo representaban de manera grotesca, incluso llegó a ser dibujado besándose con Sebastián Lerdo de Tejada.

En una de las caricaturas más severas aparece un grotesco Juárez con su camisón de dormir, en su habitación. A media noche es despertado por el fantasma de una joven. El presidente aterrado le pregunta: "¿Quién eres?", y ella responde: "¿No me reconoce?", a lo que Juárez agrega: "¿Por qué habría de conocerte?" "Soy la Constitución del 57, por eso ha olvidado mi aspecto", finaliza el fantasma.

A pesar de todo y en honor a la verdad, Juárez aguantó candela hasta su muerte. Nunca regañó, ni reconvino, ni amenazó, ni amedrentó a la prensa, en todo momento respetó su naturaleza crítica. Claro, porque a diferencia de ahora, "en aquellos tiempos los hombres parecían gigantes", como se refirió Antonio Caso a esa generación de liberales.

Desde luego las negras intenciones de Juárez de reformar la Constitución fueron rechazadas no obstante que contaba con gran popularidad después de haber triunfado sobre el imperio de Maximiliano. Y en las elecciones quedó demostrado: los votos ratificaron a Juárez en su mandato para el periodo 1867-1871.

La popularidad del Benemérito no decayó, todavía ganó una elección presidencial más, en 1871, pero las críticas estaban a la orden del día; ya para entonces lo llamaban el dictador democrático, lo acusaron de haber metido mano en las elecciones, que había ganado a través de un fraude y tuvo que enfrentar la primera rebelión de Porfirio Díaz.

A Juárez, a su obra y a su memoria los salvó la muerte el 18 de julio de 1872.

UNA LIGERA PUNZADA EN EL CORAZÓN

En México nos encantan las teorías de la conspiración, y un personaje como Benito Juárez no podía ser ajeno a ellas. Mucha gente cree que el ilustre oaxaqueño murió envenenado.

Según esta versión, la responsable fue una mujer de nombre Oliveria del Pozo, apodada *la Carambada*, quien había sido dama de compañía de la emperatriz Carlota y perdió a su prometido a manos de los republicanos. Tras la caída del imperio y la muerte de Maximiliano decidió cobrar venganza, y en una cena que le ofrecieron a Juárez pudo hacerse invitar y vertió, en una copa que le dio a Juárez, un veneno que se preparaba con una planta mortal, la veintiunilla, que hacía efecto 21 días después de beberlo, atacando el corazón sin dejar rastro alguno.

No hay nada más falso que la versión de que Juárez fue envenenado, don Benito murió de causas naturales. De acuerdo con su acta de defunción falleció de "neurosis del gran simpático" —parte del sistema nervioso que entre otras funciones se encarga de la aceleración del ritmo cardiaco—, además de que padecía angina de pecho.

El presidente había dado muestras de que el corazón comenzaba a fallarle desde octubre de 1870, es decir, mucho antes del supuesto envenenamiento; cayó en cama por "una congestión cerebral" y problemas en el "gran simpático".

Un día antes de cumplir 66 años —el 20 de marzo de 1872—, Juárez mostró síntomas de que su corazón se deterioraba drásticamente. Su médico, el doctor Ignacio Alvarado, diagnosticó angina de pecho. Estuvo unos días en cama y pidió al doctor no decirle nada a nadie de su afección.

Entre abril y los primeros días de julio Juárez recuperó su vida normal, y siguió despachando en Palacio Nacional, a donde había cambiado su residencia luego de la muerte de Margarita en enero de 1871. El 8 de julio, luego de la visita de unos niños del orfanatorio, Juárez sintió un dolor agudo en el pecho y le dijo a su médico que había sentido "una ligera punzada en el corazón".

En los días siguientes empeoró. A pesar de todo, don Benito no cuidó la dieta —muy alta en grasas—; dos días antes de morir comió sopa, tallarines, huevos fritos, arroz, bistec, frijoles, salsa de chile piquín, fruta y café. Además media copa de vino, pulque y jerez. Por la noche bebió una copa de rompope.

Del 17 al 18 de julio Juárez sufrió una serie de ataques, que los médicos llamaron "calambres del corazón", cada vez más dolorosos. Al caer la noche del 18 de julio le aplicaron morfina. Finalmente falleció a las 23 horas del 18 de julio de 1872.

LO QUE NUNCA NOS DIJERON

Benito Juárez nunca fue autocomplaciente con su origen, nunca pidió ningún privilegio especial por ser zapoteco, nunca se vio a sí mismo como el indio sometido. Al dejar atrás San Pablo Guelatao, Benito Juárez rompió con las ataduras que lo sujetaban al colonialismo mental y frente a la posibilidad de educación, por convicción propia, dejó de ser indio para convertirse en ciudadano.

Sin embargo, la historia oficial priista, durante la mayor parte del siglo XX, se empecinó en explotar la idea del "indio que llegó a ser presidente", del indio redimido, del pobre indio que tocaba su flauta de carrizo junto a sus ovejas, lo cual es falso. La imagen de Juárez fue envuelta en la retórica y demagogia política —la condición de indio no importaba, Victoriano Huerta también fue un indio que llegó a ser presidente—.

No es gratuito que de las 2 226 veces que el nombre de Benito Juárez fue invocado en las sesiones del Congreso entre 1952 y 1994, en ocasiones fuera considerado el "producto autóctono indio más bien educado de América", como lo llamó el diputado priista Raúl Bolaños Cacho en 1955. A la luz de la historia oficial, tampoco resulta absurdo que en octubre de 1952 los diputados priistas aprobaran un dictamen para aumentarles la pensión a "las nietas de don Benito".

Juárez no fue el gobernante perfecto que durante años presentó la historia oficial y con el cual crecieron varias generaciones de mexicanos. De 1858 a 1867 gobernó prácticamente sin Congreso y con facultades extraordinarias, en 1865 extendió su periodo presidencial por voluntad propia, intentó reformar la Constitución (1867) pero a través de mecanismos que no contemplaba la propia Constitución, y durante cuatro de los cinco años que permaneció en el poder después del triunfo sobre el imperio de Maximiliano (1867-1872) en varias regiones del país fueron suspendidas las garantías individuales.

Pero a pesar de todo, Juárez era el hombre que necesitaba el país en momentos en que parecía desmoronarse la nación. Cualquier exceso autoritario, cualquier disposición que pareciera violar la ley, cualquier medida que atentara contra los derechos políticos, estaba justificada y debe entenderse en su contexto. Frente a una guerra, primero interna —contra los conservadores—, y luego extranjera contra Francia y el establecimiento del imperio de Maximiliano, no había más remedio que gobernar con inteligencia y con firmeza y muchas veces alejado de la ley. El tiempo le dio la razón, indudablemente.

Algo tiene don Benito, o al menos el Benito que habita en el imaginario político, que tres de nuestros presidentes han creído ser la reencarnación de Juárez: Venustiano Carranza —que entre otras sutilezas rescató y puso en vigor la misma ley que Juárez usó contra quienes apoyaron la intervención francesa, pero en su caso contra los enemigos de la revolución—; Echeverría, que conmemoró por todo lo alto el centenario de su muerte y nos dejó ese horripilante monumento conocido como Cabeza de Juárez, y el más reciente —no descartemos un nuevo Juárez en el futuro— el presidente López Obrador.

Lo que suele suceder con los grandes protagonistas de la historia después de muertos es que mientras van perdiendo su dimensión histórica, la política los reviste con retórica, demagogia, mitos e interpretaciones a modo.

Juárez no es la excepción y, en el discurso actual, el presidente afirma una y otra vez que es el mejor presidente que ha tenido México. Esta afirmación es muy efectiva en los discursos, en las arengas, en las concentraciones populares, vende bien, pero es imposible comparar el gobierno de Juárez con cualquier otro antes o después de él, porque las circunstancias en que gobernó fueron excepcionales.

Don Benito gobernó de manera ininterrumpida durante 14 años (1858-1872); en los primeros 10 años el país permaneció en guerra y Juárez tuvo que gobernar como Dios le dio a entender, o sea a la mexicana: con facultades extraordinarias, sin Congreso, con suspensión de garantías y usando la Constitución como bandera política porque su aplicación era imposible.

Los últimos cuatro años de su gobierno tampoco fueron un lecho de rosas. Con la hacienda pública en bancarrota, constantes levantamientos armados y la rebelión de Porfirio en 1871 tuvo que recurrir al uso de la fuerza para mantener al país en calma y a la suspension de garantías en distintos lugares del país.

En términos históricos, nadie puede negarle a Juárez que definió la segunda mitad del siglo XIX, logró pastorear a la república y llevarla a buen resguardo durante su gobierno; junto con lo mejor de la generación de la Reforma creó el Estado laico y sentó las bases del Estado moderno mexicano.

Habría que pensar en el legado juarista pero despojado de ideología, demagogia o retórica. De Juárez debemos recuperar su idea del ciudadano y reconocer que la gran reforma, impulsada por don Benito y una brillante generación de políticos, sentó la bases para la consolidación definitiva del Estado-nación mexicano y le otorgó a México dignidad internacional, a partir del respeto a la libertad e independencia frente a las naciones del mundo.